스승
MENTOR

일러두기

—
책에 수록된 글들은 2004년부터 오늘날에 이르기까지
스승께서 강의한 내용 중에서 발췌하여 정리한 것입니다.
스승께서 강의하신 분량이 워낙 방대하기에
강의 순서와 상관없이 배열하였습니다.

—
질문자에 맞추어 강의를 한 것이기에 다소 중첩된 부분들이 들어 있습니다.
하지만 그 부분 역시 그 질문에 충실한 답이 되기 위해서는
반드시 필요한 내용들이기에 그대로 재록, 편집하였습니다.

—
강의 내용을 글로 옮긴 것으로 최대한 강의 내용에 벗어나지 않도록 하기 위해
스승께서 사용한 용어들을 그대로 살렸기에
표준어가 아닌 단어들도 일부 들어있음을 양지하시기 바랍니다.

—
스승의 강의는 그때 그때 질문자의 질문에 답하는 형식으로 진행합니다.
그래서 본문은 강의를 충실히 옮긴 내용이지만
글의 제목들은 편집자가 글 내용에 맞게 구성하였습니다.

스승
MENTOR

제3권
여성은 아름다워

眞 政

정법시대

천지 아래 무엇이든 물어라

眞政

묻고 問

答 답하다

질문과 함께 보는 차례

MENTOR
CONTENTS

PART ONE

01* 여성은 아름다워 / 014

요즘은 '여성 상위시대'라고 하고 또 '일하는 여성이 아름답다'고도 하면서 여성이 집안에서 남편을 내조하기보다는 스스로 일을 하려고 사회에 직접 뛰어들고 있습니다. 제 주위를 보더라도 자기 일을 가지고 능력을 발휘하는 여성들이 많아 부럽기도 합니다. 이러한 사회적 현상을 어떻게 보아야 합니까?

02* 궁합 / 032

이번에 딸이 사윗감을 데리고 왔는데 결혼 승낙을 하기 전에 두 사람의 궁합을 보러 갔습니다. 궁합이 안 좋은데 둘이 좋다니까 그냥 허락을 해주어야 할지 고민입니다. 결혼할 때 궁합이 정말 좋아야 하는 것인지 궁금합니다.

03* 혼수 / 038

얼마 후면 결혼을 합니다. 그런데 예물, 예단 등을 준비하면서 혼수 갈등이 조금 있습니다. 이로 인해 결혼이 깨지거나 결혼 후에도 이 문제가 이어져 파경을 맞지 않을까 걱정이 많이 됩니다. 혼수를 어떻게 준비해야 적당한지요?

04* 부모가 반대하는 결혼 / 046

동생이 결혼을 하려고 하는데 부모님의 반대로 불화를 겪고 있습니다. 부모님은 자식의 결혼에 당신들의 의사가 개입이 되어야 한다고 생각하시는데 이 생각이 맞는 것인지, 또 부모가 반대하는 결혼을 꼭 해야 하는 것인지 알려 주십시오.

05* **골드미스의 선택** / 054

직장 생활을 한 20년 하다 보니 이제는 국책사업에도 관여할 정도로 인지도가 높아지고 탄탄하게 자리를 잡았지만 여자로서는 결혼할 시기를 훌쩍 넘겨 출산이라든지 육아가 거의 마지막인 나이가 되었습니다. 그래서 요즘 결혼을 해야 할 것인가 아니면 지금까지 이루어온 것들을 발판으로 더 날개를 달아서 날아갈 것인가 하는 갈등에 빠져 있습니다. 이런 문제는 저 뿐만 아니라 많은 여성들이 가지고 있는 딜레마인데 어떤 선택이 장기적으로 봤을 때 제 인생에도 도움이 되고, 사회와 국가에도 도움이 되는지 알려 주십시오.

PART TWO

06* **사모님의 화려한 외출** / 072

남편이 부장으로 승진하고 나서는 부부동반 모임이 많아졌습니다. 특히 남편의 거래처라든지 윗사람들과의 모임에서는 신경이 많이 쓰입니다. 그런 곳에 가서 어떻게 처신하는 것이 좋습니까?

07* **여자의 적은 여자!** / 082

여성으로서 직장 생활을 하면서 남성을 만나서 일하는 경우와 여성을 만나서 일하는 경우가 상당히 차이가 큽니다. 여성은 상당히 계산적이기 때문에 어떻게 보면 남자들과 일하는 것보다 여자들하고 일할 때 더 발전하지 못하는 면들이 있습니다. 그래서 여자의 적은 여자가 아닌가 하는 말씀을 드리고 싶은데, 그랬을 때 여자들이 이런 부정적인 틀을 깨고 좀 더 상생할 수 있는 방향으로 갈 수 있는 방안이 있으면 알려 주십시오.

08* **미인박복?** / 088

젊은 시절 눈부신 미모를 자랑하던 연예인들이 나이가 들면 외롭게 살거나 어렵게 사는 경우가 많이 있습니다. 이것을 보면 미인박복이란 말이 틀림없는 것 같습니다. 왜 꼭 미인은 박복하게 되는지 여쭙고 싶습니다.

09* **원수를 사랑하라** / 098

지금 종교에서 으뜸으로 치는 것이 사랑으로, 원수마저도 사랑하라고 합니다. 그런데 사랑하기가 참 어렵습니다. 어떻게 해야 원수도 사랑할 수 있습니까?

10* **섬세한 아름다움, 내조** / 108

사회적 지위와 생활 여건에 따라 여자들의 내조법도 각각 다를 것 같습니다. 올바른 내조를 할 수 있는 방법이 무엇인지 가르침을 주십시오.

PART THREE

11* **하느님에게 올리는 축원** / 152

우리가 교회나 절에서 집안 안녕이나 사업 번창 혹은 무병장수를 위해서 축원을 올립니다. 그런데 어떤 이는 그대로 이루어지고, 어떤 이는 이루어지지 않습니다. 그 이유가 무엇입니까?

12 * 칭찬과 아부 / 162

사람들은 칭찬을 아끼지 말라고 하는데 한편으로 칭찬이 너무 지나치면 아부가 된다고 하고 또 아부는 본능이라고도 합니다. 물론 칭찬을 들어서 싫어하는 사람이 없고 아부를 할 줄 모르면 성공할 수 없다고 합니다. 그렇다면 칭찬을 어디까지 해야 하는지, 그리고 아부를 어떻게 보아야 하는지 알려 주시기 바랍니다.

13 * 삼재와 수확 / 168

지금 제가 하는 일이 많이 어렵습니다. 그래서 주위에서 말하기를 "삼재라 그러니 지나고 나면 괜찮다"고 합니다. 정말 삼재가 되면 어려운 것인지요?

14 * 인간에서 사람으로 / 192

사람이라고 다 같은 사람이 아니라는데, 진짜 사람은 어떤 사람이고 진짜 사람이 되려면 어떻게 해야 하는지 가르쳐 주십시오.

15 * 인정 베풀지 마라 / 212

지금까지 스승님의 강의를 듣고 공부를 하면서 나름대로 냉철한 분별을 하려고 노력합니다만 막상 생활 속에서 인정 때문에 냉철한 분별이 참 어렵습니다. 어떻게 하면 냉철하게 되는지 일깨워 주십시오.

PART FOUR

16* 왜 아직도 IMF인가? / 222

IMF가 지나면 경제가 나아지리라 생각을 했는데, 계속 경제는 어려워지고 어제까지 건강하던 사람이 암이라는 큰 중병에 걸리고 지금 모든 것이 급변하게 돌아가는 것 같습니다. 오늘이 정월 대보름인데 올 한 해 저희가 살아가는 데에 지침이 될 수 있는 좋은 덕담을 부탁드립니다.

17* 사기당했다 / 246

몇 년 전 믿었던 사람에게 돈을 맡겼다가 크게 떼인 적이 있습니다. 그래서 배신감에 건강까지 상해서 지금 몸이 많이 불편합니다. 그리고 아직도 그 생각만 하면 화가 나는데, 어떻게 하면 이 마음이 다스려질 수 있겠습니까?

18* 두 마리 토끼 잡는 돈 거래 / 254

'돈을 꾸러 갈 때와 갚으러 갈 때가 다르다'고 하는데 돈을 꾸는 사람과 돈을 꾸어주는 사람이 상부상조하며 균형이 맞으려면 서로 어떻게 대해야 합니까?

19* 명퇴 이후 時테크 / 264

저는 기독교 신자로 30년 넘게 교회를 다니고 있는데 얼마 전 다니던 직장에서 명예퇴직을 하였습니다. 갑자기 많은 시간이 주어졌지만 종교 활동 외에는 앞으로 무엇을 해야 할지 모르겠습니다. 남은 인생을 어떻게 살아가는 것이 좋겠습니까?

도서출판 정법시대는… / 290
스승 제2권 질문보기 / 294

PART ONE
여성은 아름다워

01 * 여성은 아름다워

問

요즘은 '여성 상위시대'라고 하고
또 '일하는 여성이 아름답다'고도 하면서
여성이 집안에서 남편을 내조하기보다는
스스로 일을 하려고 사회에 직접 뛰어들고 있습니다.
제 주위를 보더라도 자기 일을 가지고
능력을 발휘하는 여성들이 많아 부럽기도 합니다.
이러한 사회적 현상을 어떻게 보아야 합니까?

答

여성이 지적인 일을 할 때 여성 상위이다.

지금 사회에서 여성 상위시대라고 한다는데 그 말의 뜻이 여성들이 집안에서만 매여 있다가 지위를 가져야겠다고 밖으로 쏟아져 나오는 것을 가리키는 말이냐?

저희들이 생각하는 '여성 상위'는 남자보다 여자가 위에 있다는 개념입니다.

그러면 여성 상위가 맞다. 남성보다 상위가 맞는데 계급적인 위아래를 말하는 것이 아니라 여성이 더 지적인 일을 하기에 위에 있다는 말이다. **여성은 양적인 일을 하는 게 아니라 지적**

인 일을 한다. 그래서 여성은 아름답고 그렇게 보았을 때 여성이 상위라고 보면 된다.

그런데 지금 지적인 일이 세상에 나와 있는지는 한 번 짚어 보아야 한다. 여성들이 지적인 일을 해야 하는 것은 분명하다. 여성들이 지적인 일을 하지 못하면 항상 남성들의 아래에 있어야 한다. 그러나 지적인 일을 할 때 남성들은 여성들을 아름답게 보고, 우러러 보고, 거룩하게 보고, 존경스럽게 본다. 즉, 이런 여성을 어머니상(像)으로 보는 것이다. 남성들의 마음 속에는 항상 이런 어머니상이 잠재되어 있다. 기대고 싶은 상, 모든 것을 품어주는 상 말이다. 이때 품어준다는 것은 사회도 품고, 사람도 품고, 모든 대자연을 품는 모(母)의 품성이다. 모! 여기서 모란 자식을 낳아 부모가 되는 그런 것이 아니라, 모든 것을 키워내고 지적으로 이끌어 가는 사람을 말한다.

그러면 지금까지 세상에서 여성들이 지적인 일을 한 것이 있는지, 있다면 무엇이었는지 누가 한 번 꺼내 보아라. 아직까지 없다. 그러니 지금 이 시대 여성들의 바른 상 즉, 여성상이 안 나오는 것이다. 그래서 다들 딜레마에 빠지는 것이다.

지금 여성들이 사회에 나와서 일을 잘 한다고들 하는데, 그런 일은 남성들도 잘하는 사람이 많다. 이것을 보고 여성 상위 시대다, 여성이 우월하다, 여성이 뭔가 다른 면이 있다고 단정 지어 말할 수는 없다. 이제 밖으로 나와 남성들도 다 할 수 있는 일을 여성들이 한다? 이래서는 여성들이 우대받는 시대가 열리지 않는다.

그러면 우대받는 여성이 되려면 어떻게 해야 하느냐? 여성은 아주 지적이고 아주 섬세한 일을 해야 한다. 왜? 남성은 그런 일을 하는 데 적합하지 않기 때문이다. 남성이 아무리 섬세하려고 해도 여성의 섬세함에는 따라갈 수가 없다. 그래서 남성들이 계속 그런 지적이고 섬세한 일을 하려고 들면 시간 낭비가 되고, 도저히 할 수가 없는 것이다. 그러나 여성은 할 수 있다. 아직까지 이런 일을 한 적이 없으니 표가 안 나는 것뿐이다.

그러면 여기에서 남성상은 또 있느냐? 그것 역시 없다. 남성상이 있으면 지금 남자들이 힘을 못 쓰고 천대받는 이런 시대는 오지 않는다. 그러면 과거에는 남성상, 여성상이 있었느냐? 있었다. 과거 우리가 못 배웠을 때, 세상의 문호가 닫혀 있었을 때는 남성상이 있었다. 그때는 권위주의적인 삶, 또 뭔가 힘으로 리드해 나가는 남성을 멋지다고 했다. 그러나 지금은 무식시대가 아니고 유식시대이다. 그렇기 때문에 유식시대에 맞는 상이 나와야 하는데 아직까지 그런 상이 나오지 않았다. 왜?

과거, 여자들이 배우지 못했을 때에는 남자가 학사 모자만 쓰고 와도, 양복만 차려 입고 와도 멋지게 보였다. 그러나 지금은 누구나 다 좋은 옷을 입고, 누구나 다 공부를 하여 지식을 갖춘 똑같은 평준화 시대가 되어 버렸다. 그래서 누구를 더 위로 우러러 볼 수가 없기 때문이다. 그러면 여기서 좀 더 자세히 풀어 보자.

사회가 발전할 때, 먼저 나가서 일을 하는 사람은 남성들이다. 남성들은 열심히 일하면서 직위도 올라가고, 사람도 많이 알고, 뭔가 양적인 일을 전부 이룬다. 그래서 남성은 이루는 사람이다.

그러면 그동안 여성들은 무엇을 하고 있었어야 하느냐? 안에서 공부를 하고 있어야 했다. 그러나 남성은 일하고 여성은 살림을 한다. 이렇게 되면 여성은 살림하는 사람밖에 안 되는 것이다. 대학을 나온 지적인 여성이 살림을 하고 앉아있다는 것은 엄청난 국가의 손실이다. 애를 키우고 살림을 하는 것은 대학까지 나온 여성이 해야 하는 일이 아니다.

그러면 여성은 무엇을 하는 사람이냐? 남성이 이루어 놓고 나면 이 이룬 것을 잘 쓰는 것이 여성의 몫이다. 남성은 돈도, 명예도, 사람을 많이 알아 놓은 것도 여성만큼 잘 쓸 줄 모른다. 그래서 빠진 부분이 없는지 골고루 살피면서 더 지적으로 쓸 수 있으려면 여성과 의논을 해야 한다. 만약 남성이 이루기도 하고, 또 잘 쓰기도 한다면 여성이 필요 없다. 여성은 살림만 하면 되고, 아이나 키우고, 시간이 남으면 스파나 다니고, 안 그러면 골프나 치러 다니고, 옷이나 맵시 나게 갖춰 입고 남 앞에 뽐내거나, 실실 웃으며 남성에게 꼬리치는 것 밖에 할 것이 없다.

사회는 여성이 반을 차지하고 남성이 반을 차지한다. 이렇게 반씩 차지하는 이유는 여성들의 할 일과 남성들의 할 일이 분명히 존재하기 때문이다. 여성들은 집에서 살림하고 애를 키우는 일이 아니라 그 이상을 볼 줄 알아야 하고 찾으려고 해야 한다.

여성이 해야 하는 일에도 상급, 중급, 하급이 있다. 여기에서 하급, 상급이라 하는 것은 신분계급이 아니라 소질에 따라 아주 단순한 일을 할 수 있는 사람이 있는가 하면 지적인 일을 할 수 있는 사람이 있다는 말이다. 그런데 지금 이 사회는 누구를 필요로 하느냐? 지적인 일을 할 상급의 여성들을 필요로 한다. 단순한 일은 누구든지 할 수 있지만 지적인 일들은 아무나 할 수 없다. 그래서 이 지적인 일을 해줄 여성들이 지금 필요한데 이 사람들이 안 나오고 있다. 그러니 이 사회가 멈추어 있는 것이고, 그 기간이 지금 20년 안팎에 이른다. 이것은 남자 잘못이 아니다. 남자들의 할 일은 기본적으로 끝났다. 이제 여성들이 바르게 움직여야 이 나라의 어려움이 다 없어지고 남자들도 엄청나게 할 일이 많아진다.

'스승님은 남자니까 남자 편만 든다'고 생각하지 말고, 이제부터 잘 들어보아라.

여성들이 사회에 몰려나오기 시작할 때가 언제부터였느냐? 88올림픽 지나고도 한참 후에 나오기 시작했다. 나와서 무엇을 가장 많이 했느냐? 그늘진 곳을 찾아 갔다. 제일 먼저 간 곳은 교회, 절과 같은 종교단체였다. 그런 곳에 가니 사랑, 박애, 자비 이러면서 봉사에 대한 이야기를 했다. 그래서 이 여성들이 봉사를 필요로 하는 곳에 봉사하러 갔다.

그곳은 전부 다 그늘진 곳이었다. 이것이 무슨 소리냐? 이 나라는 남성들이 사회를 일으키면서 그 여파로 그늘진 곳이 많이 만들어졌다. 여성들은 남성들과는 다르게 그늘진 곳을 보면 눈물을 흘린다. 그래서 모성애가 있다는 것이다. 그런데 아쉽게도 거기까지이다. 그늘진 곳에 가보고 "불쌍하더라. 계속 닦아주러 가자. 계속 도와주자"며 그것이 돕는 것인 줄 알고 계속 가려고만 했다. 또 사랑을 나누고 베풀라고 하니까 가서 같은 짓만 계속 하고 있었다. 그러다 "이번에는 연탄이 없으니까 연탄 사가자" 이러고 연탄을 나르려니 여성들의 힘만으로는 안 되니까 남성들을 부르기 시작한 것이다. 그래서 이때부터 봉사에 남성들이 합세하게 되었다. 그렇게 남성들도 봉사에 조금씩 끼워주기 시작한 것이 이제는 그 비율이 여성이 70%, 남성이 30% 정도가 된다. 이렇게 한참 하다 보니 적십자 모임, 밥 퍼주는 무슨 모임이라 해서 여기저기 봉사단체가 만들어지기 시작했다.

봉사에는 하급, 중급, 상급 봉사가 있다. 그런데 지금 하고 있는 봉사 즉, 쌀 들고 가고, 휠체어 가져가고, 몸 닦아주는 그런 종류의 봉사는 하급 봉사이다. 그런데 아직까지도 그런 곳을 점검하고 보러 간 것에 그치고 있다. 엘리트 여성들이 하는 봉사는 하급에서 점검했으면 조금 있다 중급으로, 또 중급에서 점검했으면 조금 있다 또 상급으로 올라갔어야 한다. 다시 말해,

사정을 잘 보고 왔으면 뭔가 해결 방법을 찾아주어야 했는데 지금은 상급 봉사도 없고, 중급 봉사도 없고, 하급 봉사뿐이다. 그러니까 엘리트들의 봉사는 없고 일반인들의 봉사를 엘리트들이 가서 하니 나중에는 그런 곳에 계속 가기가 조금 꺼려지는 것이다. 일반인들은 거기에 가면 침을 질질 흘려도 아무 거리낌 없이 입을 손으로 닦아 준다. 그러나 엘리트인 너희는 그렇게 닦아줄 수 있느냐? 못 닦아 준다. 왜? 그것은 너희가 해야 할 봉사가 아니기 때문이다.

  엘리트 여성들은 그런 일 대신에 그것을 보고 나오고, 그다음 것을 보고 나오고, 또 그다음 것을 보고 나와서 '이 사람들이 왜 이렇게 살아야만 하는가?' '사회가 발전할 동안 이런 모순이 만들어졌는데 이 사람들은 앞으로 어떻게 살아야 하는가?' '우리가 그늘진 곳을 위해서 무엇을 해야 하는가?' 하고 이들의 인생이 소외받지 않도록 만들어 주고 보람 있는 삶을 살게 해주는 방법들을 토론하고, 연구하여 사회에 반영을 시키든지 아니면 직접 그런 복지 연구소를 한다든지 하는 일을 해야 하는 것이다. 남편이 돈도 많이 벌어 놓았으니 부인이 그런 일을 하는 데에 지원해 달라면 흔쾌히 지원해 주지 않겠느냐? 지원은 그렇게 되어야 한다. 다시 말해, 여성은 조금이라도 소외된 곳이 있으면 품어 안아서 힘을 다시 키워내 사회에 다시 나갈 수 있게 만들어 주는 일을 해야 한다는 말이다. 그런데 이것을 지금 못하고 있다. 이 일은 남성이 하는 것이 아니라 남성은 뒷받침을 해주고 여성이 그 일을 직접 해내야 하는 것이다. 이것이 지적인 일이다. 그러니 지금 여성들이 가장 먼저 복지에 대해 관심을 기울여야 한다. 사회를 다시 만져보아야 한다는 말이다. 이 몫은 분명히 여성의 몫이다. 남성은 여성이 좋은 패러다임을 만들어 이해시키면 저절로 따르게 되어 있다.

그런데 지금은 사회봉사에 대해서, 복지에 대해서 이해시킬 만한 것이 없다 보니 남성들에게 그냥 퍼주라는 소리 밖에 하지 못한다. 그러나 아무런 명분도 없이 다 내놓으라고 하는 것은 맞지 않다. 봉사와 같은 좋은 활동을 하면서 경제적인 손실을 보지 않고 복지 사업이 성장한다면 여기에는 모두 다 투자를 하게 되어 있다.

여성 상위시대라며 여성들이 사회로 직접 나오는 현상은 잘못된 것이 아니라 시대에 맞는 것이다. 그러나 여성들이 사회로 나오는 진짜 이유가 무엇인지는 알아야 한다. **남성이 경제 성장을 이룩할 동안 사회에 모순된 것들을 생산해 놓고 처리**

하지 못하고 있는 것들을, 또 어떻게 쓸 줄도 모르고 있는 것들을 운용하러 나와야 한다. 그것이 진정으로 여성들이 해야 할 일이다. 여성은 원래 감각도 아주 조밀하고, 섬세하다. 그런데다 배웠으니 지금이라도 세상에 빠져 있는 부분이나 제대로 원활하게 돌아가지 못하는 부분을 바로 잡아서 이끌어 주어야 한다. 그래야 남성들이 다시 열심히 뛸 것 아니냐?

지금 시대는 여성이 사회에 자기 몫을 해야 하는 시대이다. 특히, 엘리트 여성들이 이 사회에 자기 몫을 해주지 않으면 큰일 난다. "지금 여성들이 사회에 많이 진출하여 열심히 일하지 않습니까?"라고 묻는데, 그것은 여성들의 일이 아니라 남성들의 일을 뺏어서 하고 있는 것이다. 여성들이 두 주먹을 쥐고, 연장을 들고 밖으로 나와 남성들이 하던 일을 똑같이 하는 것은 겉으로 보기에는 잘하는 것 같지만 껍데기에 불과하다. 여성은 핵이다. 핵! 바깥에 팔을 휘저으며 뛰어다니는 것은 여성이 해야 할 일이 아니다.

그렇다면 여성은 무슨 일을 해야 하느냐? 여성은 손발이 아니라 입으로 하는 일을 해야 한다. 즉, 대화를 아주 부드럽고 상대가 이해가게 노력하면서 어떤 주제를 가지고 연구하여 뭔가 만들어 내거나 필요한 것들을 바르게 설계하는 일을 해야 한다. 그런 지적인 일을 할 때 여성은 최고로 아름답다. 팔 걷어 부치고 앞에 나가서 일하는 것이 아니라 바른 설계를 세상에 내주는 것이 여성들의 일이고 그렇게 되어야만 세상이 움직인다.

그런데 여성들이 지금 정작 해야 될 일은 찾지 못하고 일한다고 뛰어나와 '나도 저런 일하면 괜찮게 할 수 있겠다' '우리도 남성이 하는 일을 할 수 있다'며 전부 다 남성의 할 일을 차지하고, CEO를 하려고 한다. 그러면 이 사회는 어떻게 되느냐? 여성이 CEO한답시고 남성들이 하는 일을 다 뺏어서 해버리니 남성들은 설 자리가 없어 그 자리를 떠나야 된다. 그렇지 않으면 서로 충돌이 일어나 경쟁이나 대립이 생기게 된다. 이것은 다같이 망하자는 소리이다. 한쪽에서 충분히 할 수 있는 것을 나도 한 번 해보겠다는 것은 사회적으로 보면 엄청난 시간과 인력 낭비이다.

여성 CEO들이 세상에 처음 나오면 기본적인 것은 다 된다. 그러나 거기에서 더 올라가려고 할 때는 굉장히 힘이 든다. 다시 말해서, 여성이 CEO를 하니까 주위에 사람들이 나열될 때까지는 그 밑에서 "아이고, 사장님" "아이고, 회장님" 하고 잘 해준다. 그러나 제자리에 나열이 다 되고 나면 어깨에 힘주는 사람은 여성 밑으로 들어가지 않는다. 그러니까 여성에게 맞는 체제로 바뀌는 동안에 빠질 사람은 빠지고 올 사람은 오면서 그런 식으로 돌아가는 것이지, 딱 바뀌고 자리를 차지하고 나면 이 사람들이 자기 몫을 챙기기 시작하여 여성 CEO는 엄청나게 어려워진다.

지금 조금씩 여성 CEO들이 망하기 시작하지 않느냐? 여성들은 원래 직접적인 사업을 못하게 되어 있다. 성장할 때부터 사람을 능수능란하게 다루는 것을 할 수 있게 되어 있지 않다. 그리고 사기에 당하지 않는 연습도 안 되어 있다. 그러니 데리고 있는 직원들이 조금 이상하게 하면 "아, 김 과장 그렇게 안 봤는데…." "아이고, 홍 이사. 어떻게 그럴 수 있어?" 하며 그때서야 배신했다며 화를 낸다. 그럴 수 있지, 왜 없느냐? 그래서 결국 여성들끼리 만나 "믿을 사람 하나도 없더라"는 소리를 정확하게 한다.

이 소리는 여자들이 이제 수난받는다는 것이다. 잘해준다고 한 것이 홀떡 뒤집혀서 돌아오는 것이다. 이것은 사회 경험이 없어서 부딪치는 것으로, 자신은 옳은 것인 줄 알고 했지만 분명히 뭔가 잘못한 것이다. 이것은 갖추지 않고 지금 CEO를 하고 있기 때문에 벌어지는 일이다. 갖추지 않고 CEO를 하면 처음에는 잘되고 재미있지만, 조금 있으면 다 막혀 들어온다. CEO라는 것이 쉬운 것이 아니다. 거센 바람도 다 막아야 되고, 콱 누를 때는 눌러야 되고, 강약도 조절해야 되고, 세상 모든 것에 부딪치면서 가야 하기 때문에 그런 일은 남성들이 해야 하는 것이다. 그런데 여성들이 하면 잘될 것이라고? 하면 될 것 같지만 조금 있으면 속에 화딱지 난다. 생각대로 절대 안 된다. 그래서 여성들이 일꾼이 되면 안 된다는 것이다. CEO는 일꾼이다. 제일 앞에 서서 열심히 일하는 일꾼!

그러면 여성 CEO는 어떻게 해야 하느냐? 회사를 경영하더라도 회사가 제대로 돌아가게 하려면 앞에서 일할 사람을 따로 두고, 여성은 뒤에서 그 사람을 잘 운용해야 한다. 일꾼이 있어야지 자신이 일꾼이 되면 이제부터 부딪친다는 말이다. 바람막이가 항상 필요한 것이 여성이다. 여성은 여려서 작은 말에도 상처를 받는다. 무엇이 제일 아픈 몽둥이인 줄 아느냐? 회초리 치고도 제일 아픈 회초리. 바로 세치 혀에서 나오는 회초리가 최고 아픈 것이다. 가슴을 찢어 놓는다. 나무 몽둥이, 쇠 몽둥이는 '땅' 소리만 나고 잠깐 아프면 되지만 세치 혀로 쳐서 가슴을 찢어 놓는 이 상처는 빨리 아물지도 않는다. 최고 센 몽둥이가 세치 혀이다. 이것을 잘못 놀리면 세상에 한을 남기게 되고 상처를 남기게 된다. 특히, 여성들이 자신을 갖추지 않고 사회에 나오면 이 세치 혀를 함부로 놀려서 세상을 엉망진창으로 만든다. 그래서 여성들이 지적인 공부를 해야 되는 원리가 바로 여기에 있다. 남성들은 말을 조금 잘못했어도 마음이 느슨하고 빈틈이 많아 술 한 잔 먹으며 "내가 미안하오" 이러면 풀어진다. 그러나 여성들은 '꽁'하고는 "무덤까지 안 가져가는가 봐라" "내가 죽으면 죽었지, 너에게 고개 숙이는가 봐라" 이렇게 말한다.

지금 사회에서 활동하는 여성 CEO들은 사업한다고 별의별 소리를 다 들어가며 쫓아다닐 것이 아니라, 현재 하고 있는 사업을 방편으로 하여 앞으로는 복지 사업 쪽으로 눈을 돌려야 한다. 즉, **키워 놓은 사업은 남성에게 CEO를 하게 하고 여성은 그늘진 곳을 살피는 복지 사업으로 전환해야 한다.** 무조건 복지는 여성이 해야 한다. 남성들은 절대로 그늘진 곳을 살필 수 없다. 이 나라를 복지 사회로 만들기 위해서는 반드시 여성들이 나서야 한다.

남성이 할 일을 여성이 분명히 할 수 없다. 그리고 여성이 할 일을 남자가 분명히 할 수 없다. 그래서 음양의 이치가 있고, 남녀가 있는 것이다. 이제 앞으로는 남성이 할 일, 여성이 할 일을 바르게 찾아야 한다. 여성이 할 일을 여성이 하면 어려움을 겪지 않는다. 그리고 남성이 할 일을 남성이 하면 또 어려움을 겪지 않는다. 그런데 지금 이것들이 전부 뒤섞여 있어 뭐가 뭔지를 모르고 있다.

지금 여성들이 밖으로 나와 모이는 이유는 남성들이 손대지 못하고 있는 복지에 대해 연구하고 토론해서 신 패러다임을 찾아야 할 때이기 때문이다. 이제 더 이상 아픈 사람이, 그늘진 곳이 나오지 않게 해주어야 한다.

앞으로는 내조의 개념도 바뀌어야 한다. 불과 얼마 전까지만 해도 이 나라는 여성이 가정 안에서 한 사람을 내조하는 시대였었다. 그러나 이제는 그것을 넘어 사회 내조를 해야 한다. 그래서 밖으로 나올 때는 사회를 위해서 꼭 필요한 일을 하려고 나와야 하는 것이지 돈 벌기 위해 나와서는 안 된다. 이것이 진정한 '여성 상위시대'이다.

여성 상위는 누구든지 할 수 있는 일을 여성들이 하는 것이 아니라 남성들이 도저히 할 수 없는 더 위의 일을 한다는 의미이다. 여성들이 이런 것을 찾아서 각자의 근기에 맞게, 적성에 맞게 하게 되면 안 되는 일이 없고 그렇게 할 때 이 사회는 엄청나게 달라질 것이다.

남성이 앞에서 열심히 일을 하여 성장을 이루고 여성은 사회의 그늘진 곳을 살피는 복지 사업을 하여야 음양의 조화가 맞다. 그러니 이제부터는 성장과 분배를 동시에 이루고 행복이 충만한 사회가 되도록 남녀가 제 할 일을 바르게 찾아서 하라.

민족이여 깨어나라

02* 궁합

問

이번에 딸이 사윗감을 데리고 왔는데
결혼 승낙을 하기 전에 두 사람의 궁합을 보러 갔습니다.
궁합이 안 좋은데 둘이 좋다니까 그냥 허락을 해주어야 할지
고민입니다. 결혼할 때 궁합이 정말 좋아야 하는 것인지 궁금합니다.

答

인성을 갖춘 사람은 궁합 볼 필요도 없다.

이 문제는 어떻게 보면 중요하고 어떻게 보면 중요하지 않다. 궁합이 좋다, 나쁘다는 것이 무엇을 보고 이야기하는 것이냐? 인간은 동물적인 육신을 70% 가지고 있기 때문에 여기 3차원에서 동물적으로 살 때 그 성격이 서로 맞는지, 안 맞는지를 따져서 통계로 나온 것을 보고 궁합이 맞니, 안 맞니 하는 것이다.

예를 들어, 12띠 동물 중 소가 여물을 먹는데 닭이 그 밑에서 먹이를 쪼아 먹어도 발로 차지 않으니 서로 놔두어도 괜찮기에 합의가 맞다고 하고 어떤 동물과 어떤 동물은 서로 앙숙이니 합의가 안 맞다고 한다. 즉, 뱀, 닭, 소는 서로 궁합이 맞고, 범, 말,

개도 궁합이 맞으니 이런 띠를 가진 사람끼리 만나면 잘산다고 말하는 것이다. 이런 식으로 동물에 잣대를 대어 맞추어 놓은 것은 무엇을 뜻하는 것이냐? 사람이 자신의 인생을 살지 아니하고 서로가 만나서 싸우지 않고 웃으면서 동물적으로 잘 지내기만 하면 궁합이 좋다고 하는 것이다. 그러나 궁합이 안 맞다고 하는 것은 서로에게 빚이 많이 져 있는 사주이다. 그래서 서로 으르렁거리는 동물을 가지고 비유해 놓은 것이다.

물론 인간에게는 동물의 근성을 가지고 있는 혈을 내려 주었다. 그래서 사람의 인생을 안 살고, 사는 방식이 동물적일 때에는 이것이 정확하게 맞다. 그런데 이것이 어디까지 맞느냐? 인생을 사는 데 맞는 것이 아니고 우선 간에 좋은 것이다. 평생을 서로 싸움도 안 하고 그냥 잘 먹고 살다가 죽을 것 같으면 그것이 딱 맞다. 그러나 인생을 살 때는 서로가 업을 갚아야 한다. 우리는 업을 갚기 위해 여기에 왔다. 그런데 만약 상충을 일으키는 사람끼리 만났다? 보통 우리가 띠를 서로 맞출 때 가위표가 되면 상충이 되는데 이 상충은 서로 빚을 많이 지게 된 사주이다. 그러니 빚갚기에는 상충이 제일 좋은 것이다.

상충끼리 만나 서로를 위해서 살면 최고의 잉꼬부부가 될 수 있는데, 지금은 서로 원수가 되고 있다. 이것은 빚이 제일 많은 사람들이 만나 상대가 아닌 자신을 위해 살기 때문이다. 그래서 궁합을 보아 상충이면 사주가 서로 안 맞다고 이야기를 하는 것이다.

그러나 상충끼리 만나 서로를 위해서 살면 잉꼬부부가 되고, 궁합이 맞는 사람끼리 서로가 마냥 좋다며 노력하지 않고 살면 인생을 놀다 죽게 된다. 서로가 자신의 인생을 안 살고 좋다고 밥만 먹고 살다가 죽으려고 태어났는가? 아니다. 우리는 업을 소멸해야 한다. 업은 우리가 대우주에 있을 때 역행을 해서 지어온 것이니 제대로 업을 소멸하기 위해서는 상충끼리 만나는 것이 좋다.

우리가 만나는 그 자체가 빚쟁이다. 자식과 부모가 서로 간에 인류 최고의 큰 빚쟁이라는 사실을 알아야 한다. 그다음에 만나는 빚쟁이가 부부이고, 세 번째가 형제이다. 그런데 상충이니까 안 만나려고? 만나야만 된다. 만나서 상대에게 빚을 갚아야만 자신의 인생을 잘사는 것이다.

부부가 만나는 것은 상충이든 원진이든, 합일이 이루어졌든 빚쟁이를 만나는 것이다. 그런데 여기서 빚 갚기가 조금 수월하게 가고 있다는 것은 느그적거리고 있는 것이고, 화끈하게 서로를 위해 사는 것은 빚을 확 갚아 버리는 것이다. 서로가 서로를 위해서 득 되게 살 때만이 상생이 이루어지고 빚과 업이 소멸된다. 우리는 업을 소멸하기 위해 이 무거운 인육을 받아서 지상에 사는 것이다. 그런데 이것을 요리조리 피하고 안 하려면 왜 이 세상에 왔는가? 오지를 말지. 인생은 유상으로 살려고 온 것이지 무상으로 살려고 온 것이 아니다. 업이 소멸되어야 유상이 된다. 업을 갚지 않으려거든 아예 오지 않는 것이 낫다. 그런데 이런 것을 모르고 좋은 것만 따져서 좋은 상대를 만나려고 하면 한 평생 같이 놀다 가자는 것이고, 아주 어려운 상대를 만날지라도 자신이 인성을 바르게 갖추었다면 어렵지 않은 것이다.

이렇게 정확하게 사는 법도가 있기에 이것에 맞추어 살면 굉장히 좋다. 그런데 내가 갖추지 못했으니까 궁합을 보고 좋은 궁합이니 서로 으르렁거리며 싸우지 않고 잘될 것이라 계산을 하고 있다. 그러나 인성을 갖춘 사람이라면 궁합을 볼 필요가 없다. 다시 말해, 인성을 갖춘 사람은 어떤 상대가 와도 그 사람에 맞게 대할 줄 알고 같이 어울릴 줄도 알고 의논하고 상의해서 서로를 위할 줄도 아니, 궁합은 볼 필요도 없다는 말이다.

너희는 사람으로 살고 싶으냐, 동물로 살고 싶으냐?

03* 혼수

問

얼마 후면 결혼을 합니다.
그런데 예물, 예단 등을 준비하면서 혼수 갈등이 조금 있습니다.
이로 인해 결혼이 깨지거나 결혼 후에도 이 문제가 이어져
파경을 맞지 않을까 걱정이 많이 됩니다.
혼수를 어떻게 준비해야 적당한지요?

答

혼수를 보낼 때
감사한 마음을 담은 편지 한 장을 동봉하라.

너무 걱정하지 마라. 혼수는 인사치레를 하는 정도면 된다. 혼수는 사람이 육신을 가지고 있다 보니 표현하는 하나의 방법으로 있는 것이다. 즉, 시집가고 장가들 때 키워 주신 부모님께 감사하고 그 주위 사람들에게도 감사하니 그 고마움의 표현으로 혼수를 하는 것이다. 그러니 '혼수를 적게 해가면 앞으로 식구들이 나에게 잘못하는 것 아닌가?'라고 생각하지 마라.

인성을 바르게 갖춘 신랑이나 신부를 맞이하게 되면 상대방 식구들에게 고맙기 그지없다. 그래서 고마운 분에게는 좋은 옷도 한 벌 해주고 싶은 것이 당연하다. 그런데 옷이 돈 몇 푼 되느냐? 집을 한 채 사줘도 시원치 않을 판이고 점보 비행기로 여기저기 세계여행을 시켜 드려도 시원치 않을 판에. 혼수로 옷을 한 벌 해드린다는 것은 내 마음의 정성을 그만큼 담는다는 소리이다. 즉, 고마움을 표한다는 말이다.

 그런데 여기에서 중요한 것은 그렇게 가족들에게 고마움을 뜻하는 의미로 옷을 한 벌 해드리면서 반드시 추가되어야 할 것이 있다. 그것이 무엇이냐? 감사한 마음을 말로 다 하지 못하니 감사하다는 내용의 편지가 거기에 분명히 들어가야 한다. 그러면 내 마음을 담은 그 편지 한 장 때문에 해드리는 옷이 더 값져 보이는 것이다. 이렇게 마음을 담은 혼수라야 한다. 그런데 편지는 없고 사돈의 팔촌까지 누구는 한복을 한 벌씩 하고 누구는 양복을 한 벌씩 해주고 만다. 누가 그 옷 못 얻어 입어 환장을 했는가? 그렇게 보내면 얻어 입는 사람 마음도 편치 않게 된다.

 만일 그 사람이 진짜 갖추었다면 대충 물질로 때우려는 그런 마음도 없을 것이다. 이처럼 본인이 하기 나름이다. 그래서 어떻게 성장했는지가 그만큼 표가 나는 것이다.

 남편이나 부인될 사람을 만나 면접을 보는데 상대방이 인성을 갖춘 사람이라고 서로가 보게 되면 감사한 느낌이 스스로 들게 되어 있고, 이 감사함은 자연스레 상대의 가족들에게 전달되게 되어 있다. 그러니 가족들에게 감사하다면 고마운 뜻을 담은 편지 한 장 쓸 줄도 알아야 하고 이럴 때 형편 되는대로 준비한 혼수가 아무리 싼 것일지라도 이 감사함의 편지로 인해 엄청난 효과를 올려 큰 값어치가 나가게 된다.

　결혼을 해서 살아갈 때 서로가 뜻이 있고 인성이 갖추어져 있는 사람을 만났다면 달셋방에 살아도 상관이 없다. 달세를 얻는다 해도 요즘은 어지간하면 아파트 얻을 정도는 되지 않느냐? 만약 돈이 모자라 아파트를 얻을 형편이 안 되면 요즘 신혼부부를 위해 정부에서 해주는 지원도 받아 이자를 조금씩 주고 살면 달세나 마찬가지 아니냐? 그런 식으로 보금자리를 차려서 인생을 펼쳐나갈 수 있는 길만 열린다면 자수성가로 일어서는 것이 최고의 방법이다. 그런데 부모가 "내가 한 10억 보태줄게" 해서 그것을 받아가지고 왔다? 그로 인해 그 자의 인생은 끝난다. 10억이 있으면 그때부터 30억을 모으기 위해 살게 되고, 30억이 있으면 분명히 70억을 모으기 위해 살게 되어 있다. 이렇게 처음부터 물질이 노력 없이 거저 들어왔다면 그 인생은 물질때문에 엉망이 된다. 무일푼으로 가더라도 정신이 바른 사람들끼리 만나서 인생을 살아나가는데 합의를 봤다면 물질 같은 것은 전혀 장애물이 되지 않는다. 그러니까 그런 사람은 혼수문제로 걱정이 없고 엉망진창으로 사는 사람들이 혼수 때문에 이야기를 하는 것이다. 그 사람들이야 혼수 때문에 뒤집어지든 깨지든 그것까지 우리가 지금 풀 필요는 없다. 바르게 살아가고자 하는 정신이 살아 있어야 하고 정신이 살아 있는 자가 아니라면 인생의 쓴 맛을 봐야 되는 것은 당연한 것 아니냐?

그리고 혼수를 많이 해가는 것을 보고 흥청망청 쓴다고 비난하는데 많이 해가는 것도 잘못된 것이 아니다. 혼수를 많이 해가면 돈을 누구에게 쓰고 가느냐? 다른 사람들에게 쓰게 되어 그 돈이 돌고 돈다. 자기 돈 안 될 것이니 다른 사람에게 가는 것은 당연하다. 혼수를 30억 들이면 어떠냐? 혼수 장만이라는 명분으로 돈 있는 사람들의 30억이 저쪽 서민에게 가는 것이다. 그러니 누가 혼수 많이 해간다고 입 댈 것도 없고 '그들 손에 있는 돈이 남에게 가고 있구나' 하고 알면 된다.

그리고 뭔가를 많이 해가지고 가는 것을 자랑하면 안 된다. 집에다 뭔가를 많이 갖다 놓으면 등신이다. 1, 2년 지나면 구식인데 백화점에 놔두고 살아라. 백화점이 다 내 것이다. 백화점이고 가게고 인터넷에 보면 물건이 있지 않느냐? 거기 다 놔두고 살지 왜 집구석에 다 갖다 놓으려고 하느냐? 거기에 놓고 침대가 필요할 때 돈 주고 침대 하나 가지고 와서 잘 쓰고, 그릇이 필요할 때 돈 주고 그릇 하나 가지고 와서 잘 써라. 그릇도 요즘은 한 10년 되어도 안 깨진다며? 그런 곰팡이 피는 소리 하지도 마라. 옷도 메이커 옷은 달라서 3년 가도 7년 가도 안 비틀어진다나? 그런데 옷은 안 비틀어져도 금새 유행이 지나간다. 그러니 지금 시장에 나가서 멋지고 스타일 좋고 싼 것을 사 입어라. 그리고 올해만 입고 내년에는 누굴 주든지 해라. 내년 되면 구식이 된다. 그러니까 아주 깨끗하고 폼 나는 것이 있으면 얼른 사서 올해 잘 입고, 내년에 봐서 우중충하다 싶으면 누굴 주든지 버리고, 또 멋진 것으로 하나 사서 입어라. 지금은 유행이 100일 만에 바뀐다. 석 달 열흘, 한 철이면 바뀌어 그다음 철에는 거기에 못 따라간다. 그러니까 돈을 70만원 주고 메이커 옷 사 입을 생각하지 말고 몇 만 원짜리라도 지금 보기 좋은 옷을 사 입어라. 세 번 빨아서 해지면 버려라. 그동안에 한 철 가버리지 않았느냐? 그리고 내년에 또 더 잘 나오는 옷으로 사고.

우리가 아직까지 시대의 흐름을 모르고 있다. 메이커 소용없다. 지금 멋지게 입어라. 왜 옷이 아무리 싸구려라도 첫물은 좋지 않느냐? 첫물에 딱 입고 두세 번 입은 다음에 조금 들어지면 딱 버려라. 그러면 한 벌을 가지고 70만원 주고 살 것을 10만원 주고 10년 동안 새 것을 사 입을 수 있다.

혼수도 마찬가지이다. 지금 잔뜩 사서 재놓고 안 쓰면 3년 간다. 그러면 다른 집에 가서 보고 창피스러워서 우리 집에는 뭐 있다는 소리를 못한다. 왜 그런 식으로 돈을 내버리느냐? 필요할 때마다 하나씩 모양 좋은 것을 가지고 와서 쓰고 없애버리면 될 것을. 그러면 비용도 많이 안 들어간다. 혼수 한다고 몇 천만원 들고 몇 억씩 드는데 그것이 뭔 등신짓이냐? 알차게 살려면 그런 등신짓 하지 마라. 그래도 내 멋대로 막 사는 것이 좋다고 하면 그런 사람은 멋대로 살라고 하라. 그 떡고물이 떨어져서 서민에게 다 오니 걱정하지 말고 "저 양반들은 혼수가 30억 들었단다" 하면서 흉도 보지 말고 "잘했다. 자꾸 써라"고 하라. 그러면 장사하는 사람 장사 잘 되어서 좋고 그 돈이 회전되어 서민에게 떨어져서 좋고, 두루두루 서로서로 다 좋은 일이다. 그러니까 남의 것을 쳐다보고 네 화풀이를 하듯 입을 대고 욕을 하면 네 인생만 고달프고 힘들어지고 그 떡고물도 떨어지지 않는다. 있는 사람들은 얼마든지 쓰라고 하라. '우리에게 돌려주는 방법이 그 방법 밖에 없는가 보다' 하고 많이 쓰라고 하라.

  우리도 많으면 그렇게 회전을 시켜야 되고 그들도 많아서 그런 식으로 회전을 시키는 것이니 이 모두가 대자연의 물결이 자연스럽게 흐르는 것이다. 따라서 그런 것에 불만도 하지 말고 각자 주어진 자신의 조건에서 최대한 올바른 방법으로 인생을 살도록 하라.

04 * 부모가 반대하는 결혼

問

동생이 결혼을 하려고 하는데 부모님의 반대로 불화를 겪고 있습니다.
부모님은 자식의 결혼에 당신들의 의사가 개입이 되어야 한다고
생각하시는데 이 생각이 맞는 것인지,
또 부모가 반대하는 결혼을 꼭 해야 하는 것인지 알려 주십시오.

答

부모는 반드시 깊이 개입해야 하며
부모가 반대하는 결혼은 하지 말아야 한다.

―

이것은 참 중요한 것인데 우리가 잘 몰라 지금 과오를 많이 저지르고 있다.

답부터 말하자면 부모가 반대하는 결혼은 하지 않는 것이 좋다. 가족이 합의하지 못한 결혼을 하면 정확하게 갈라지든지 평생 동안 힘들게 산다. 틀림없다. 그래서 그런 결혼을 한 사람들은 '내 눈 내가 찔렀다'고 하면서 부모님 앞에서 할 말을 하지 못한다.

결혼 상대는 본인이 고르지만 이를 정확하게 보는 사람은 부모나 친구인 옆 사람이다. 왜 그러하냐? 본인은 상대에게 빠져 있는 상태에서 결혼 상대를 보지만 옆에서 보는 사람은 객관적으로 보기 때문에 그 상대가 정확하게 보이는 것이다. 이것은 단지 부모라서 그런 것이 아니라 친구라도 마찬가지다. 예를 들어, 친구가 본인의 결혼 상대를 보고 '아니던데….' 하면 뭔가 잘못된 것이 있기 때문이니 그것을 꼼꼼히 짚어 보아야 한다. 그러나 그런 말을 듣고도 짚어 보지 않고 그냥 고집부리고 결혼했다? 그러면 엄청나게 눈물 나는 인생을 살게 된다. 피눈물을 흘리며 결국은 '그 말을 들었어야 했다'는 소리를 딱 하게 된다.

지금 우리가 이 공부를 하는 것도 어디에 빠지지 않기 위해서이다. 한 곳에 빠져서 결정하는 것은 객관적이지 않다. 종교에 빠지는 것도, 사기를 당하는 것도 객관적이지 않기 때문이다. 사람은 자신이 어려우면 어려운 만큼, 고프면 고픈 만큼 상대를 정한다. 그래서 고픈 만큼 상대에게 빠져 들어가 교류를 하기 때문에 본인이 당하는지도 모른다. 그러나 옆에 있는 사람은 고픈 것이 아니니 여기에서 하는 말, 저기에서 하는 말이 다 들리고 뻔히 다 보인다.

만일 우리가 교류를 하는데 어떤 이가 자신에게 다른 사람이 안 보는 데에서 뭔가 이야기를 하려고 하면 이것은 분명히 사기당하는 것으로 생각하면 된다. 또한 대화를 할 때에도 다른 사람이 보면 이치에 안 맞는 말을 하는 것이 다 보이는데도 정작 본인은 모른다. 왜? 욕심 때문에. 즉, 욕심이 들어갔기 때문에 그만큼 눈이 감기는 것이다.

사랑에 빠지는 것도 그와 같다. 남녀가 서로한테 빠져서 좋다고 하는 것은 자신이 모자라는 만큼 채우려고, 안을 다 들여다 보지 않은 채 성급히 붙잡은 것이다. 그래서 그것이 잘못되었다면 옆에서 다 보이게 되어 있다. 쉽게 말해, 상대를 잘 만나면 옆에서도 허점이 안 보인다는 말이다.

그런데 자식이 어디에서 상대를 만나서 그냥 부모 모르게 산다? 그런 경우에는 할 말이 없다. 어쩔 수 없는 것이다. 그러나 결혼 상대를 만나 부모에게 인사시키러 왔다고 하면 자식은 좋다고 하면서도 '이 사람과 결혼하는 것이 옳은지 틀린지 봐 주십시오.' 하고 선보이러 온 것이다. 그러니 여기에서 부모나 가족이 구석구석 짚어 보고 "얘야, 아니더라. 이렇게 보니 네가 짚어 본 방법이 틀리다"라고 이야기한다면 그들의 눈이 정확한 것이다. 이때 자식이 빠진 만큼 그들의 말을 무시하고 그냥 밀고 나가면 분명히 피눈물을 흘리게 된다.

그렇다면 부모는 어디까지 간섭해야 하느냐? **부모는 자식이 결혼 상대를 데리고 왔다면 반드시 깊이 관여해야 한다.** 즉, 부모에게 선보인다는 것은 상대가 옳은 사람인지 아닌지 자식이 지금 분별을 다 할 수 없어서 부모한테 보인 것이므로 부모는 정확하게 구석구석 속까지 짚어 보고 분별을 할 수 있도록 자식을 도와주어야 한다. 이것은 어디까지나 일방적인 간섭이 아니다. 자식이 간섭해 달라고 데리고 왔으니 당연히 간섭해야 한다. 만약 자식이 "엄마 아빠, 간섭하지 마세요. 내가 알아서 할게요" 하면 간섭하지 말고 그냥 놔두어라. 보지도 않았는데 간섭을 어떻게 하느냐? 대자연은 스스로 흐르는 대로 놓아두면 된다. 그래서 **부모에게 상대를 데리고 와서 봐 달라고 부탁을 하면 정확하게 해주고, 부탁을 하지 않으면 간섭할 필요가 없다.** 그리고 간섭이 되지도 않는다. 그러니 이제 자식들이 부모에게 결혼 상대를 선보이려고 데리고 오거든 정확하게 분별을 해서 다 알아보고 해줄 말은 정확하게 또박또박 다 해주어야 한다. 그래야 그다음에 자식이 만약 고집부려서 가더라도 빨리 정신을 차리게 된다. 그러나 부모가 대충 그냥 봐주고 보냈다? 피눈물 흘리는 자식의 고통은 부모에게 다 돌아온다.

    다시 한 번 말하지만, 부모에게 결혼 상대를 데리고 온 것은 자식이 모자라서 데리고 온 것이니 부모가 성의껏 다 봐주어야 한다. 자식은 자기가 잘났다고 생각하고 이런 사람이 좋다며 데리고 왔겠지만 그 안에는 아직까지 자신이 확신을 못하기 때문에 데리고 온 것이다. 그래서 정확히 보고 일러줄 말은 다 해주어야 고집을 부리고 가서 나중에 잘못되더라도 알고 갔기 때문에 빨리 정신을 차리고 빨리 해결할 수 있다. 그러나 모르고 갔을 때에는 느그적거리고 아주 인생 망조 들어서 온다. 그 때 찢어지는 부모의 심정은 엄청나게 크다. 그러니 자식이 고집으로 밀고 나갈지라도 부모는 성의를 다하여 정확하게 가르쳐 주어야 한다. 이것이 부모의 의무이다. 그것을 해주지 않았을 때 오는 그 아픔은 엄청나게 쓰리고 아프다.

자식이 결혼 상대를 데리고 왔음에도 부모가 바른 분별을 못해주었을 때에는 의무를 소홀히 한 책임이 따르고 모든 것을 감수해야겠지만, 부모가 분별을 정확하게 해줬음에도 불구하고 자식이 끝까지 고집을 피웠다가 잘못되었을 때에는 부모는 잘못이 없다고 보아도 괜찮은 것입니까?

잘못이 없는 것이 아니라 부모가 자식을 바르게 키우지 못했던 결과이다. 즉, 부모 말을 신용하지 않게 키운 것이다. 그러니 부모가 바른 말을 해주어도 자식은 고집을 부리고 자기가 선택한 길을 지금 밀고 나갈 수밖에 없다. 이것은 막으려고 해도 막을 수가 없다. 이미 결론이 나온 것이다. 하지만 그렇게 해서 가더라도 부모로서 할 만큼의 노력은 다 해주어야 나중에 아픔을 겪어도 덜 겪게 된다. 자식이 지금 눈에 콩깍지가 씌어 뒤집혔는데 부모가 말린다고 듣겠느냐? 안 듣는다. 그러나 부모가 반듯하고 바르게 키웠다면 정확하게 사귀었을 것이고, 정확한 사람을 데리고 왔을 것이고, 그러면 부모가 박수를 치고 가족끼리 서로 고맙게 받아들일 수 있게 되어 있다.

그런데 지금 바르게 자식을 키우지 못해 안목이 없어 상대에게 빠져 삶이 비틀어진 것이다. 그러니까 자식한테 뭐라고 할 일이 아니다. 즉, 내가 잘못 키운 결과를 내가 겪는 것이라는 말이다.

따라서 부모는 성의를 다해서 도와주면 되는 것이지 자식을 나무랄 일도 아니고, 또 자식이 잘못된 경우에도 부모는 그 잘못된 책임을 면할 수 없다.

05 * 골드미스의 선택

問

직장 생활을 한 20년 하다 보니 이제는 국책사업에도 관여할 정도로
인지도가 높아지고 탄탄하게 자리를 잡았지만
여자로서는 결혼할 시기를 훌쩍 넘겨 출산이라든지 육아가
거의 마지막인 나이가 되었습니다.
그래서 요즘 결혼을 해야 할 것인가 아니면 지금까지 이루어온 것들을
발판으로 더 날개를 달아서 날아갈 것인가 하는 갈등에 빠져 있습니다.
이런 문제는 저 뿐만 아니라 많은 여성들이 가지고 있는 딜레마인데
어떤 선택이 장기적으로 봤을 때 제 인생에도 도움이 되고,
사회와 국가에도 도움이 되는지 알려 주십시오.

答

결혼해서 꼭 자식을 낳아야 한다는 개념을 놓아라.

　지식을 갖추지 않은 사람은 이런 고민을 하지 않는다. 이 고민은 지식을 갖춘 오늘날 여성들의 고민이다. 지식을 갖추다 보니 사회참여를 하게 되고, 사회참여를 하다 보니 사회에서의 필요성과 결혼해서 주부로서 가야 하는 문제가 충돌하는 것이다. 이것은 잘 풀어야지 잘못 풀면 딜레마에 빠져 버린다.

　먼저 결혼하는 관점에서 본다면, 어떤 사람을 만나 사느냐에 따라 자식을 낳아도 되고, 안 낳아도 된다. 다시 말해, 앞으로는 인연을 만나서 자식을 꼭 낳아야 된다는 그런 개념이 없어지는 시대이다.

왜 이 말을 하느냐? 이것을 풀려면 길고 난해한데, 그래도 말이 나왔으니 조금 풀어 보자.

지금까지 이 민족은 조상의 얼을 이어 오면서 부끄럽지 않게 사는 것이 자식을 낳아야 하는 것이었다. 그것도 아들을 낳지 못하면 조상 볼 낯이 없었다.

이런 시대가 언제까지였느냐? 지금의 아날로그가 탄생할 때까지였다. 유구한 역사의 흐름 속에서 이 민족은 수십 번, 수백 번, 수천 번 계속 혈통을 이어 왔다. 왜? 진화를 통해 혈통을 한 번 이어서 낳는 자식은 한층 더 진화해서 좋아지고, 그 혈통을 보존해서 또 그다음에 낳는 자식은 더 진화해서 좋아진다. 이렇게 해서 단일민족으로서 우리 민족 천손들의 마지막 혈통으로 태어난 사람들이 지금 이 시대의 아날로그들이다. 이 사람들이 태어남으로써 우리 민족의 혈통 보존은 끝났다.

그러면 혈통 보존이 끝나는 사회는 어떻게 되느냐? 모든 문호를 열게 된다. 우리는 역사적으로 혈통을 이어오기 위해서 문호를 닫고 배타정책과 쇄국정책을 하면서 대대로 내려왔다. 우리 선조님도 모르고 한 것이지만 쇄국을 하지 않고 문호를 개방했으면 혈통이 다 섞여버렸을 것이다.

그렇게 2차 대전 이후로 이 민족의 아주 암울했던 시절에 마지막 혈통들을 생산하고, 이 생산을 다 끝내고 나서 88올림픽부터 문호를 완전 개방해 버렸다. 그전에는 우리가 문호를 개방했어도 정보나 지식같은 것들이 들어왔지 사람들이 들어온 것은 아니었다. 즉, 문호가 열려 있는데도 서로가 왕래를 하지 않았다. 그래서 국가 간에도 스파이 작전같은 것들을 막 펴면서 한쪽에서 사진만 찍어도 간첩 혐의로 걸리는 등 세계가 다 그런 식으로 움직였다. 그렇게 해서 이 나라에서는 88올림픽 전까지 우리 아날로그로서 태어날 혈통은 섞이지 않고 모두 태어나게 되었다. 그래서 혈통을 끝까지 보존하여 최고 많이 태어난 민족이 바로 우리 민족이다. 인류사회를 전부 다 뒤져도 이만큼 혈통 보존을 제대로 한 민족은 없다.

그러면 마지막 혈통이 태어나고 나서 그다음부터는 어떻게 되느냐? 이제부터는 혈통 보존의 의미가 없는 사회가 이루어진다. 민족끼리 서로 교류를 하고 거기서 자식을 낳을 수도 있는 이런 일들이 이제 막 벌어진다. 이것이 88올림픽 이후로 일어나는 일이다. 즉, 세계로 직접 나가서 사람과 사람이 관계를 맺을 수 있고, 교류도 할 수 있고, 제멋대로 인연도 맞출 수 있는 시대가 열린 것이다.

그래서 마지막 혈통으로 태어난 이 사람들이 지금 50대 안

팎으로 36년 즉, 1958년생 개띠를 중심으로 위로 18년, 아래로 18년에 해당하는 사람들이다. 이 36년을 3부류로 나누었을 때 제일 중간에 들어와 12년 즉, 58년생을 중심으로 위로 6년, 아래로 6년이 최고 복판 아날로그이고, 나머지는 그 위로 기계식 쪽으로 12년, 아래로 디지털 쪽으로 12년까지, 이 사람들이 마지막 혈통들이다. 이 사람들은 위에서부터 아래까지 할 일들이 다 따로 있다.

지금 여성 상위시대라고 하면서, 여성들이 사회로 너도나도 쏟아져 나오는데 정확하게 나와서 자기 몫을 해야 하는 층들이 이 50대 안팎의 사람들이다. 이 사람들은 자기 몫을 안 하고 가면 큰일 나는 사람들이다. 이 중에서도 엘리트들!

50대 안팎의 이 사람들이 성장할 때 이 나라의 교육이 어떠했는가? 남자들은 사회의 일꾼을 배출한다고 교육시켰고, 여자들은 일꾼으로 배출하려고 교육시킨 것이 아니라 갖추게 하려고 교육시켰다. 그 당시 부모들이 남자들 교육시키는 생각과 여자들 교육시키는 생각 자체가 분리되어 있었다. 즉, 남자들은 사회에 나가는데 필요한 사람으로 만들기 위해 가르쳤지만 여자들은 '여자도 배워야 된다'고 하면서 가르친 것이다.

사회에 나가게 하려고 배워야 된다는 그런 개념이 아니었다. 갖추어야 된다는 개념이었다. 그런데 그 개념을 우리가 바르게 풀지 못하고 교육이라는 자체를 한 틀로 묶어서 해버렸기 때문에 남자들이 배우는 것을 여자들도 배워버린 것이다.

 교육을 다르게 했어야 했다. 즉, *여자들은 지적인 일을 하기 위해서 갖추는 것이 되어야 했고, 남자들은 사회에 나가 이루기 위해서 공부하는 것이 되어야 했다.* 그런데 이 사람이 세상에 나와 보니 이러한 개념의 차이를 두고 교육을 시키지 않았다. 즉, 대자연의 법칙을 몰랐으니 그렇게 되어 버린 것이다. 이제 이것이 여실히 드러나는 시대이다.

 이 대자연에는 음양의 이치가 있다. 서양에서는 이런 것을 모른다. 동양에 들어와야 음양의 이치를 만지게 된다. 그러나 동양이라 할지라도 그 깊이까지는 만지지 못한다. 그것은 오직 이 해동 대한민국 즉, 뿌리에 들어와야만 깊이 만질 수 있게 되어 있다. 우리만이 특이한 음양의 중요성을 가지고 있기에 서양에서는 도저히 알 수가 없다.

 음양의 이치를 푸는 것은 이 사회를 운용하는 데 있어 최고의 핵이다. 또한 우리만이 특이한 이런 에너지를 가지고 있다. 음양의 이치를 다 풀지 않으면 지적인 이 세상은 절대 운용할 수 없다. 질문과는 조금 동떨어지고 설명이 길어 지루할지라도 알아 놓을 것은 알아 놓아야 다음 하는 말이 이해가 된다.

이제는 결혼해서 꼭 자식을 낳아야 한다는 이런 개념을 놓을 때이다. 지금 사람들이 우리나라도 인구가 한 1억은 되어야 한다고 생각하는데 그것은 아주 양적인 생각으로, 이런 것은 우리가 일꾼을 생산할 때의 이야기이다. 이 민족은 숫자가 반밖에 안 되어도 인류의 최고 지도자가 될 수 있다. 이 민족이 무슨 일을 하느냐로 에너지 질량이 나오는 것이지, 인구 수가 중요한 것이 아니다.

그러면 이 민족은 무슨 일을 해야 하느냐? 지금 국제사회가 하는 일만 한다고 하면 그 일을 하는데 인원수가 어느 정도는 맞아야 한다. 그래서 미국을 따라가려면 한 3억 되어야 하고, 일본을 따라가려면 1억은 되어야 한다. 그러나 우리는 이제 이런 개념으로 수를 맞추는 데에서 탈피해야 하고 지적인 삶으로 가야 한다.

숫자가 많다고 되는 것이 아니다. 기본 숫자는 정확하게 다 맞추어져 있다. 남북한 다 합해서 6.25이후 3천만에서 오늘날 7천만이 되었다. 이것은 시대에 따른 정확한 기본수이다. 시대적으로 3천만이 필요한 때도 있고, 널리 필요할 때는 7천만이면 딱 맞는 수이다. 더 이상 되면 복잡한 일이 터진다. 즉, 삼천리금수강산에서 사는 사람들은 7천만이면 꽉 찬 수이다. 지금 북한이 인구수가 적은 채로 저렇게 차단되어 있고, 남한에 많이 분포해 있지만 나중에 통일하고 나면 정확하게 분포되어 이 땅은 7천만이면 인구가 복잡하다는 개념이 안 들게 되어 있는 나라이다.

지금 인구가 한반도 남쪽에 대부분 있다 보니 굉장히 북적거리며 많은 것처럼 생각이 되고, 도시화로 한 군데에 집중되어 있다 보니 사람에 치이는 것 같고, 명동거리에 사람이 많이 쏟아져 나오니 아주 콩나물시루처럼 생각되는 것이지 시골에 한 번 나가 보아라. 얼마나 조용한 나라이냐? 조금만 분산되면 이 나라는 조용한 나라이다. 그러나 분산되어 조용히 살 수 있게 우리가 그런 일을 안 하고 있다는 것이 문제이다. 이처럼 어떤 일을 하느냐에 따라 사람이 모이는 것도 다르다.

결혼을 해도 자식은 낳을 수 있는 과정을 만들었기에 낳는 것이다. 그러니 아이를 안 낳는다고 여자가 아니라는 그런 생각은 하지 마라. 아이 낳기 위해서 여자로 태어난 것이 아니다. 앞으로 내 할 일을 하기 위해서 이 세상에 태어난 존재이니, 아이는 내가 낳고 싶으면 낳고 낳기 싫으면 안 낳아도 된다. 이제는 그것이 조상들에게 누를 끼치는 것이 아니다. 혈통을 이어 나오고 자식을 낳아야 되는 것은 아날로그가 마지막이다. 이제는 그런 혈통의 개념, 조상의 개념 이런 것을 갖지 말고 너희들이 운용하는데 있어서 뭐든지 필요하게 이끌어 가라.

지금 이러한 역사를 누가 바로 잡아주어야 하느냐? 바로 아날로그들이다. 아날로그가 역사를 바르게 잡아 이 세상에 내주어야만 디지털 후손들이 그 역사를 갖고 따라간다.

디지털들이 지금 공부하는 것을 잘 보아라. 디지털들이 제사 지내는 것을 배우고 있느냐? 제삿상 차리는 법을 지금 안 배우고 있다. 그렇지? 디지털들이 관혼상제법을 지금 배우고 있느냐? 안 배우지? 왜 이런 것들을 안 배울 것 같으냐? 앞으로의 사회에서는 이런 것들이 필요 없어지기 때문이다. 그래서 지금 배우지 않고 있다. 이런 것들은 역사적으로 끌고 가야 하는 잔재물이 아니라는 것이다. 지금까지는 그것이 시대에 필요해서 있었고, 앞으로의 시대에는 다른 뭔가를 해야 되므로 그것이 필요 없어지는 것이다. 이렇게 모두 다 정리가 된다. 이러한 것들도 아날로그들이 전부 다 풀어주어야 할 과제들이다. 안 그러면 후세들이 살아가면서 또 헷갈리게 된다.

  또 한 가지 예로, 풍수도 마찬가지이다. 지금 풍수도 그렇게 중요하게 여기지 않는다. 왜? 우리 젊은이들은 풍수의 중요성을 따질 필요가 없는 사회를 살 것이니까. 이것 말고도 우리 젊은이들이 부모 세대에 비해 배우지 않는 것이 많다. 배우지 않는 것이 많다는 것은 그런 것들에 신경을 크게 쓸 필요가 없기 때문이다. 그런 것들을 연결해서 살아야 될 것 같으면 배워 가면서 산다. 그리고 신(神)에 대한 중요성, 이런 것들도 젊은이들은 잘 모른다. 벌써 우리 아날로그들부터 신에게 휘둘리는 것들이 덜해져 간다. 그러면 젊은 사람들은 이런 것들에 휘둘리지 않는다는 것이다. 이런 개념들이 앞으로는 전부 다 없어진다. 과거의 일들이 되어 간다는 말이다. 종교에 대해서도 아날로그까지는 종교를 믿고 있으니까 서로 생각이 양분되어 대립해 있었다. 나는 어떤 종교, 너는 어떤 종교라며 서로 구분지었는데 앞으로 우리 젊은이들의 시대는 어떻게 되느냐? 그것을 전부 다 이해하고 융합하는 시대를 이루어 간다. 종교통일이 일어난다는 말이다. 이제 종교가 무너진다. 그렇다고 문 닫는다는 소리를 하는 것이 아니다. 종교라는 이 개념의 틀에서 편 가르기 하는 것이 없어진다는 말이다. 이제 우리 젊은이들부터 시작한다. 이런 것들도 앞으로 우리 사회의 지식인, 아날로그들이 그 중요성과 그것이 왜 유지해왔었는지, 앞으로 어떤 식으로 쓰일 것인지를 정확하게 풀어주어야 한다. 이들이 바로 '민족의 역사적 사명을 띠고 이 땅에 태어난' 아날로그들이다.

우리 젊은이들은 지금부터 결혼에 얽매이지 마라. 결혼은 하라, 하지 마라 한다고 되는 것이 아니다. 내가 교육을 받아 어느 정도 수준이 되면 나와 수준이 맞는 사람과 만나 같이 살 수도 있고, 수준이 안 맞으면 같이 안 살 수도 있는 그런 시대이다. 꼭 나이가 됐으니 결혼을 해야 된다는 사고는 이제 버리고 '젊을 때 아이를 낳아야지 나이가 들어서 아이를 낳으면 좀 힘들지 않을까?' 하는 이런 개념도 놓아라. 아이는 낳아도 되고 안 낳아도 된다. 그런 강박관념에 사로잡히면 안 된다.

그렇다면 어떻게 해야 하느냐? 우리가 가져야 할 상(像), 나의 정체성. 즉, 나는 지금 이 사회에 태어나서 무엇을 해야 하는지 그것을 찾아야 하며 장남이니까 아들을 낳아 대(代)를 이어야 하는 그런 시대는 끝났다. 아날로그들을 생산하는 데까지 그 개념이 끝난 것이다. 그리고 아날로그도 그런 개념은 이제 접어야 한다.

역사가 내려오면서 우리 아날로그 윗세대에서는 자식을 키울 때 부모들이 70%의 에너지를 쏟아서 자식을 키웠다. 즉, 30%는 본인의 삶을 살았지만 70%는 자식을 낳고 키우는 데에 혼신을 다한 세대이다. 그런데 우리 아날로그는 자식을 낳아 몇 %를 자식을 위해서 사는지 한번 잘 생각해 보아라. 우리는 30%를 자식을 위해서 살고 70%는 나를 위해서 산다. 그러면 이것이 어떻게 된 것이냐? 3:7이 딱 바뀌었다. 지금 한 세대 만에 이렇게 바뀌었으면 그 뒷세대는 어떻게 되겠느냐? 자식을 위해서 사는 시대가 아니라는 것을 정확하게 알 수 있다. 우리 뒷세대 젊은이들은 앞으로 결혼을 하고 자식을 낳더라도 자식이 울면 짜증을 내면 냈지 그것을 품어 안는 세대가 아니다. "애가 되게 우네! 애가 막!" 하지, 오냐오냐 안 한다는 얘기이다. 내가 낳았으니 할 수 없이 키운다는 개념이다. 이것은 30% 개념도 아니다. 어디를 가야 하는데 놔두고 가기도 그렇고, 업고 가기도, 안고 가기도, 차 안에 놓고 가기도 그렇고, 이건 장난감도 아니고…. 곤란한 문제가 생긴다. 가면 갈수록 이렇게 된다.

　여기에는 또 다른 원리가 들어 있다. 그것이 무엇이냐? 내가 못다한 일을 자식이 내 대신 해주어야 된다는 그러한 에너지가 이제는 전달이 안 된다는 것이다. 앞 세대들은 내가 못다한 일을 해줄 자식이 태어나니까 자식을 낳는 것이 중요한 문제였는데, 앞으로의 시대는 내 할 일을 내가 다 하고 가는 시대이다. 그래서 자식을 꼭 낳아야만 된다는 이 강박관념은 나에게 스트레스가 될 뿐이다. 그러니까 이런 것을 우리가 잘 풀어야 내 답을 찾아도 이해가 되어 뭐든지 내가 알아서 판단하고 일을 처리할 수 있다. 이 사람이 이래라, 저래라 이야기를 안 해도 우리의 흘러온 역사를 알고 내가 오늘날 살아가는데 어디에 중점을 두어야 하는가를 생각하면 이 문제는 바로 풀린다.

이 사회에 내가 할 일이 있다면 나는 그 일을 하기 위해 온 사람이지 자식을 낳기 위해 온 사람이 아니다. 앞으로는 내가 사회에 무엇을 하고 갈 것인가를 생각해야 하는 시대이다. 그래서 교육을 많이 받지 않은 사람일수록 자식을 많이 낳

는 것이고, 교육을 많이 받은 사람일수록 자식을 많이 낳지 않는 세태가 지금 일어나고 있는 것이다. 그리고 이 나라에 교육을 많이 안 받은 사람들이 자식을 많이 두었다고 해서 그들이 다 키우는 세상이 아니다. 교육을 받은 사람들이 세상에 널리 지적인 일을 해서 이 자식들도 자란다는 것이다. 즉, 내가 지금 키우고 있다고 나 혼자 키운다는 생각을 이제는 놓아야 한다. 이 해동 대한민국에서 자라는 모든 어린아이들은 우리가 다 같이 키우고 있다. 서로가 하는 일들이 다를 뿐이지 다 같이 키운다. 이것이 '공도사상'이다.

아이를 누가 낳으면 어떠냐? 꼭 내가 낳아야만 내 자식인가? 또 내가 지금 안 키우고 있다고 내 자식이 크는데 내 에너지가 안 들어가고 있는 것도 아니다. 저 아이가 성장을 하는 데에는 우리 모두의 에너지가 다 같이 들어가는 것이고, 우리가 저마다 혼신을 다해서 할 수 있는 일을 하고 있을 때 저 아이들이 바르게 성장하는 것이라는 말이다.

이제는 내 자식, 네 자식 따질 때가 아니다. 나는 무엇을 해야 하는가를 생각하라.

자식을 낳는 일이 여자들이 하는 일이라면 그것은 아주 질이 낮은 일을 하는 것이다. 자식은 낳는 것보다 키우는 것이 더욱 더 중요하다. 어떤 사회에서 크며, 무엇을 보고 크며, 어떤 기운을 받아서 크는가 이런 것들이 중요하다. 이 사회를 건강하게 만들어 놓는 것은 그 아이들의 미래를 열어 주는 것이다.

배운 사람이라면 지적인 일을 하여 대인으로 사는 방법을 택해야지, 아주 작은 데에 머물러서는 안 된다. 그래서 그런 고민은 조금 내려놓고 **이제는 진짜 사회에 필요한 사람이 되어라.** 어떤 것이 이 사회에 필요한 것인가, 내가 무엇을 해야 하는가, 이런 것을 찾으려 들고 그렇게 하면서 이름도 내고, 이 사회에 널리 필요한 사람으로 살아가라. 그리고 **그렇게 하는 데에 마음이 맞는 사람이 있으면 같이 살아라.**

민족이여 깨어나라

PART TWO
여성은 아름다워

06* 사모님의 화려한 외출

問

남편이 부장으로 승진하고 나서는 부부동반 모임이 많아졌습니다.
특히 남편의 거래처라든지 윗사람들과의 모임에서는
신경이 많이 쓰입니다.
그런 곳에 가서 어떻게 처신하는 것이 좋습니까?

答

먼저 내조 공부를 하여 자신을 갖추어라.

남편과 함께 나가는 부부동반 모임에 신경이 많이 쓰인다고 했는데, 그것은 당연하다. 부부동반 모임에 나가는 것은 그동안 자신이 얼마나 갖추어 놓았는지를 점검 받는 시험대에 오르는 것이니, 마음 단단히 먹어야 한다. 이제부터 시작이다. 그렇다고 너무 주눅 들지는 말고.

남편이 밖에 나가서, 또는 회사에서 몇 년 동안 열심히 일을 하면 점점 직위도 높아지고 사람들도 많이 알게 된다. 그러면 여자는 이 시기 동안 집안에서 무엇을 하고 있느냐? 안 사람이라고 집안 살림만 하고 있다. 아이를 키우고, 빨래를 하고, 그릇을 닦고 있다. 과연 이 일이 옳은 일이겠느냐? 아니다. 엘리트 부인이라면 이런 소소한 집안일을 하는 것이 아니라 지적(知的)인 일을 해야 한다. 아주 지적인 일! 그러면서도 거룩하게 보이는 일을 해야 한다. 그런데 지금은 모두 여자들이 이에 대한 공부를 하지 않아 여자가 해야할 일이 어떤 일인지 조차도 모르고 있으니 큰 문제이다.

　남편이 평사원이거나 낮은 직급일 때에는 부인과 동반하는 경우가 거의 없다. 그러나 질문한 것처럼 남편이 부장 정도가 되면 부부동반하여 모임에 갈 일이 생기게 된다. 이때부터 부인은 사모님 소리를 듣게 된다. 그런데 이 사모님이 처음 부부동반 모임에 나가니 신참 아니냐? 그래서 부장되고 나서 처음 가는 부부동반 모임이니까 아주 신경 써서 잘 뽑아 입고 나간다. 그야말로 사모님의 첫 화려한 외출이다. 그런데 거기에서 어떤 일이 생기느냐? 이때까지 부부동반으로 파티를 여러 번 해본 윗사람들, 직위도 높고 기라성같은 고참들이 전부 다 나와 신참이 딱 오니까 그때부터 면접을 보기 시작한다. 물론 면접이라 하여 대놓고 질문하는 것이 아니라 신참을 보는 듯 안 보는 듯 하며 아래위로 쫙 훑어 보는 것을 말한다.

처음 나오니까 소개를 하자마자 모임에 많이 왔던 분들이 이 사모님을 일제히 쳐다보기 시작한다. 그리고는 이 사모님을 보면서, 어떤 사람은 '어머, 저 머리 좀 봐. 저 옷에 저 머리가 어울리니? 미용실도 안 가나봐' 또 어떤 사람은 '저 여자 눈 찢어서 쌍꺼풀했나봐. 앞, 뒤 손 좀 본 것 같은데?' 또 어떤 사람은 '저 백(bag), 내가 못 본 건데. 신상인가? 혹시 가짜 아니야?' 또 '피부 좀 봐. 화장품 뭘 썼지?' '어디 브랜드 옷이지?' '손톱 좀 봐. 관리는 하는 거야?' '저 옷에 저 구두는 영 아닌데?' '저 여자 다이아반지는 나보다 좀 크네. 그런데 피부 빛이 좀 그렇다. 관리도 안 하나봐~' 하며 이렇게 사람마다 보는 눈이 다 다르게 한 순간에 사람 하나를 완전히 싹 해부한다. 그리고 어떤 사람들은 말을 시키면서 조목조목 물어보며 집안에 무슨 가구를 들여놓고 사는지 조사도 하고, 말을 조리 있게 잘하는지 못하는지 보는 사람도 있고, 인품이 어떤지 두드려 보는 사람도 있고, 또 지금 무슨 공부를 하고 있는지, 집에서 살림만 하고 있었는지, 애를 둘 키웠는지 하나 키웠는지, 운동은 뭘 하고 학교는 어딜 나왔는지 싹 두드려 본다. 이 모든 것들이 무엇을 뜻하느냐?

그 자리가 바로 사모님의 면접장소였으며 거기 나온 사람들이 전부 다 심사위원이었던 것이다. 사모님은 뭐가 뭔지도 모르고 그냥 참석했지만 상대들은 전부 다 하나하나 검토했다는 사실이다. 그것도 심사위원이 바뀌어 가면서.

그렇게 그날의 화려한 외출이 끝나고 집에 돌아오면 이 심사위원들이 전부 각자 집에 가서 자기 남편들에게 한마디씩 다 한다. "여보, 오늘 김 부장 와이프랑 이야기를 해봤는데 내 생각에는 별로예요" "내가 보니 좀 그렇던데 더 두고 봐야겠어요" "여보, 김 부장은 잘 봤는데 그 와이프는 영 아니던데…. 김 부장이 아깝더라" 이런 식으로 평점을 내리는 것이다. 그 한 번의 평점에 따라 김 부장이 앞으로 더 올라갈 수 있는지, 없는지가 결정되는 것이다. 그런데 김 부장 사모님은 이런 자리인지 모르고 화려한 외출을 했던 것이다. 이 사모님은 그동안 그런 자리에 나올 수 있는 자격도 없었으니 잘 가꾸지도 않았고, 지적(知的)으로 갖춘 것도 없다 보니 아무리 꾸미고 가도 뭔가 표가 다 나는 것이다. 갑자기 억지로 한 것은 다 표가 난다. 김 부장이 이대로 생명이 끝나느냐, 더 발전할 수 있느냐는 그 부인에게 달려 있었던 것이다. 이런 원리를 지금 모르고들 있다.

남자가 승승장구하며 밖에서 일할 동안에, 여자는 안에서 내 갖춤 즉, 공부를 꾸준히 하고 있었어야 했다. 남자가 어느 정도 올라갔으면 이제 여자가 나서야 할 때가 된 것이다. 즉, 남자가 이루어 놓은 것을 여자가 잘 운용해 주어야 한다. 이것이 바로 내조이다. 이 내조가 안 되어 이 나라가 이 모양 이 꼴이 되어 버린 것이다.

여자들은 집안에서 책을 보든지, 잡지를 보든지, 인터넷을 보든지 또, 한 번씩 모임에 가든지 하면서 그 속에서 바르게 공부를 해야 했다.

그런데 우리가 모임의 기본을 모르다 보니 어느 모임을 한 번 가더라도 거기서 무엇을 해야 하는가를 모르고 그냥 가서 지지배배하다가 저 사람이 무슨 반지를 끼고 왔는지, 어떤 차를 타고 왔는지, 옷을 세련되게 입고 왔는지, 요새 아이라인은 뭐 쓰는지, 매니큐어는 무슨 색을 발랐는지만 쳐다보다가 와버린 것이다. 그래서 이런 것들이 연수(年數)가 지나면서 누적되니 여자는 점점 바보가 되어 갔던 것이다. 이런 사람이 어떻게 남편을 내조하면서 남편이 크게 이룬 것을 운용하고, 지적인 대화를 나누어 남편의 막힌 것을 풀어 줄 수 있겠느냐?

남자가 열심히 일할 때에는 앞을 보지 못한다. 깊은 것, 안의 것은 보지 못하고, 열심히 뛰어 내 몫을 쌓아 놓기만 한다. 그러나 여자가 내면을 갖추면 세상을 보는 눈이 달라진다. 신문이라든지, 책 한 권을 봐도 남자가 보는 것과 여자가 보는 것이 다르다.

그래서 엘리트 부인들은 물에 손 담그고 밥그릇 씻고 빨래를 하면 안 되는 것이다. 유모도 있어야 되고 집안일 하는 사람도 있어야 된다.

그런 일을 할 시간에 교양을 쌓고 앞으로 자꾸 남편이 발전하면 여러 분야의 사람도 만나야 하니 그 준비를 하며 자신을 갖추어야 하는 것이다. 그래서 지적인 것을 하나씩 풀어줄 때마다 남편이 올라가고 남편이 올라가면 자신도 같이 따라 올라가는 것이다.

이렇게 올라가면 어떻게 되느냐? 올라갈 때마다 사람이 바뀐다. 즉, 만나는 사람의 수준이 높아진다. 그래서 이제 파티장에도 가고 모임자리도 같이 부부동반으로 가게 되는 것이다. 이러면 이제 윗사람이 됐다는 소리이다. 이럴 때 무엇이든지 자연스럽게 할 수 있도록 자신을 자꾸 갖추어 놓아야 한다.

그래서 자신을 지적으로 갖추어 놓으면 남편이 어느 정도 자리에 딱 가고 내가 사모님이 되었을 때 진짜 필요한 내조를 할 수 있다.

내가 밖에 나가 일한 것이 없어도 내 남편이 장(長)이 되면 나는 자동으로 사모님이 된다. 그리하여 이제 사모님 소리를 듣는다. 사모님 소리를 들으면 어떻게 되느냐? 기분이 좋다. 그런데 여기에 엄청난 함정이 있다는 것도 알아야 한다. 사모님도 상대가 나에게 "사모님, 사모님" 하고 자꾸 불러주니 사모님이지, 그냥 되는 것이 아니다. 사장님이 되면 "사장님"이라고 자꾸 부르지 않느냐? 똑같은 원리이다. 사람들이 "사모님" "사장님" "회장님"이라고 한 번 부를 때마다 나에게 오는 에너지의 양이 자꾸 쌓인다. 이것이 어느 정도 쌓이면 질로 변한다. 이때, 상대는 기대심리를 가지고 자꾸 불렀는데 즉, 상대의 입에서 나오는 기가 모여서 나에게 들어왔는데 내가 그만큼 상대에게 바르게 쓰지 못한다면 이 말이 화가 되어 나를 친다는 사실도 알아야 한다. 다시 말해, 사모님 소리를 듣는 것만 좋아하고 자신을 갖추지 않으면 나중에 시간 지나 나에게 아픔이 온다는 사실이다. 그 말의 에너지가 쌓여서 나를 치러 들어오는 것이다.

  사람이 하는 말은 인류의 에너지 중에서도 최고 질량의 에너지이다. 이 말에 따라서 대자연은 운용되고 변한다. 우리 여성들, 앞으로 이러한 것들을 신중하게 생각하고 지금 방향을 바로 잡아야 한다.

그러면 왜 윗사람이 되면 부부동반 모임을 많이 하게 되느냐? 남자가 할 일이 있고 반드시 여자가 해주어야 할 일이 있기 때문에 여자가 동반되는 것이다. 그곳에 가서 인사를 딱 하면 얼마 안 있어 자리를 같이 하지 않더냐? 그때 네가 자신을 잘 갖추었다면 그들끼리 이야기하는 것을 가만히 듣기만 해도 무엇인지 즉, 조금만 들어도 나중에 답이 탁 탁 탁 나온다. 그래서 집에 오면 아이디어가 쏙 나와 "이것은 이렇고, 저것은 저렇게 봤습니다. 어떻습니까?" 그러면 남편이 "오! 당신, 그걸 어떻게 다?" 하며 놀라게 된다. 남편은 그것이 보이지 않았는데 부인이 그것을 알고 말해 주니 존경스러워 보이는 것이다. 그렇게 남자에게는 보이지 않는 것이 여자에게는 보인다.

남자는 아무리 열심히 해도 30%밖에는 할 수 없다. 그래서 70% 빠진 것을 채워달라고 여자를 모임에 데리고 가는 것이다. 그런데 이런 등신같은 부인들이 전부 다 갔다 오면 만날 샴페인 먹고 음식 잘해놨더라 그러고…. 아이고, 밥 못 먹어 환장해서 거기까지 곱게 화장하고 쫙 뽑아 입고 갔단 말이냐?

또 어떤 여자들은 남편 윗사람에게 가서 김치를 담아주면 승진시켜 줄까, 그 집에 가서 애를 조금 봐주면 남편이 올라갈까

하며 요행을 바라고 있다. 그러나 머슴 짓을 하는 여자의 남편이라면 그 자도 머슴과 다를 바 없다. 그런 사람을 어떻게 윗자리에 올려준다는 말이냐? 그런 짓거리하면 안 된다. 윗사람에게 잘 보이려고 몸소 낮추는 것은 안 된다. 남편을 지적으로 내조하여 내 남편이 당당하게 실력대로 올라가야 그 자리가 정확한 남편의 자리이다.

그러니 여자가 지혜로우면 안주인으로서 남자를 앞에 세워놓고 지혜를 남편에게 주어서 남편이 밖에 나가 큰 힘을 써서 승승장구하게 한다. 그래서 남자가 윗자리로 올라가면 여자는 안에 있으면서도 저절로 같이 올라가는 것이다. 엘리트 부인들은 이렇게 내조를 해야 제 몫을 다하는 것이 된다. 그리고 그럴 때 진짜 '사모님'이라는 말을 들을 자격이 있다.

부인의 첫 화려한 외출이 남편의 승진을 좌우한다는 사실을 명심하라.

07* 여자의 적은 여자!

問

여성으로서 직장 생활을 하면서 남성을 만나서 일하는 경우와
여성을 만나서 일하는 경우가 상당히 차이가 큽니다.
여성은 상당히 계산적이기 때문에
어떻게 보면 남자들과 일하는 것보다 여자들하고 일할 때
더 발전하지 못하는 면들이 있습니다.
그래서 여자의 적은 여자가 아닌가 하는 말씀을 드리고 싶은데,
그랬을 때 여자들이 이런 부정적인 틀을 깨고
좀 더 상생할 수 있는 방향으로 갈 수 있는 방안이 있으면 알려 주십시오.

答

여자끼리는 맞서지 말고 의논해서 풀어가라.

'여자의 적은 여자다' 아, 참 기가 찬 말을 했다. 그 말이 맞다. 왜 그러냐? 여성들끼리 교류를 하게 되면 서로 지기 싫어한다. 즉, 신(神) 싸움, 기(氣) 싸움을 하기 때문이다. 그래서 사(邪)의 방법으로는 여자끼리 상생할 수 있는 방안은 절대 없다.

자석을 예로 들면, -극(음극)과 -극을 붙이려면 어떻게 되나? (튕겨 나가죠.) 그럼, -극과 +극(양극)이 만나면 어떻게 되나? 찰싹 들러붙어 잘 교류가 되지? 바로 이런 원리이다.

그런데 여기에도 +와 + 즉, 양(남자)끼리 만나는 것과 -와 - 즉, 음(여자)끼리 만나서 튕기는 것은 그 성질이 다르다. 뭔가 안 맞아서 튕기는 것인데 이 튕기는 것도 +와 +가 만나서 안 맞는 것과 -와 -가 만나서 안 맞는 것은 질이 다르다. 즉, 조금 방법이 다르다.

-와 -끼리는 절대 상통하지를 못한다. 서로 수준차이가 있다면 할 수 없이 한 쪽이 수긍을 하지만 수준이 비슷한 사람이 만나면 항상 지기 싫어하는 것이다. 그래서 양보가 없다.

내가 조금 떨어진다든지 할 때에 양보하는 것처럼 보이지만 그것도 조건이 떨어지기 때문에 자동적으로 서열이 정해져서 내가 인정하고 갈 수밖에 없는 형국이거나, 아니면 기 싸움에서 내가 다칠까봐 피하는 형국에나 가능한 것이므로 양보가 아니다. 거듭 말하지만, 절대로 여자끼리는 기 싸움을 하지 않을 수 없게 되어 있다.

그러니까 여자는 의논할 때 정확하게 남자와 의논해야 잘 된다. 문젯거리를 가지고 여자끼리는 붙지 마라. 붙지 말고 의논해서 풀어나가라. 다시 말해, 서로 맞대지 마라는 말이다. 그냥 의논하고 기 세우지 마라. 그러면 서로 도움이 된다. 그래서 뭐든지 처리할 때 여자는 남자와 같이 하면 의논이 잘 된다. 그러면 합의점을 이루어 낼 수가 있다. 또한 잘되는 데에 또 다른 이유가 있다. 그것이 무엇이냐? 여자는 남자에게 잘하려고 한다. 그래서 남자와 회의를 할 때 화장도 조금 이리저리 손 보고 들어가지 않느냐? 원래 여자는 남자에게 그렇게 하게 되어 있고, 남자는 또 여자에게 잘 보이려고 하기 때문에 서로 양보가 되고 타협을 맞출 수가 있다.

그래서 회사끼리 계약을 하는데 상대편에서 여자가 나와서 뭔가를 하려고 할 때에는 이쪽에서는 아주 듬직하고 덕망이 있는 남자를 내보내면 된다. 즉, 핸섬하고 여자가 보고 조금 반할 만한 사람을 내보내야 한다. 그러면 계약을 기가 차게 처리해 온다. 반대로 남자가 나올 경우에는 아주 마타하리같은 여자를 내보내면 된다. 그러면 똑 부러지게 일처리를 해 온다. 그것도 하나의 실력이다. 이처럼 서로 장점을 활용해야 하는데 이것을 모르고 매력 없는 사람을 내보내면 저쪽에서 하나도 양보 안 한다. '예쁜 것은 잘못해도 용서가 되지만 못난 것은 용서가 안 된다'고도 하지 않느냐?

다시 말하지만, 여자의 적은 여자다. 그러니 여자끼리 대립하려고 하지 마라. 서로가 상처를 입는다. 그 자리에서만 상처를 입는 것은 괜찮은데 그 여파가 오래 간다. 그래서 다른 일까지 망치고 그때부터 중심을 잃어버린다. 한 번씩 -와 -가 차작 튕겨버리면 띵~ 한 게 오래 간다. 그래서 다른 일을 하는 데

에도 지장이 크다. 만일에 이런 일들을 주관하는 지도자가 있다면 그런 자들을 붙이면 다른 일에도 여파가 가니까 그 조직에 굉장히 손실을 입게 되는 것을 알고 그렇게 붙이지 마라. 붙이지 않는 것이 회사에 엄청난 손실이 오는 것을 막는 것이다. 어지간하면 어떤 일이든 남자와 여자가 맞추어서 풀어나가게 하라. 그것이 조화롭다.

한 가지 더 여쭈어 보겠습니다. -와 -가 튕기면 여파가 강한데 +와 +가 튕길 경우는 어떻게 보아야 합니까?

그것은 다시 서로 손 잡을 수도 있다. +와 +는 -가 -를 밀어내듯이 튕기는 것이 아니다. 즉, 이것은 엉키는 것이지 밀어내는 튕김이 아니다. 그러니까 +와 +는 다시 합의를 볼 수도 있고 조정을 할 수도 있고 옆에 가서 붙을 수도 있다. 즉, 나중에라도 협상을 이루어낼 수가 있다는 말이다. 그러나 -끼리 튕긴 것은 협상도 잘 안 된다. -는 튕겨 나가 옆으로 가서 붙는 것도 못하고 칼처럼 딱 정리하여 서로 치기만 하나, +는 옆에서 붙기도 한다는 말이다. 이렇게 +는 조금 유하고 -는 아주 강하게 미는 힘을 가지고 있다. 그러니 여자의 적은 당연히 여자일 수밖에 없다.

08* 미인박복?

問

젊은 시절 눈부신 미모를 자랑하던 연예인들이
나이가 들면 외롭게 살거나 어렵게 사는 경우가 많이 있습니다.
이것을 보면 미인박복이란 말이 틀림없는 것 같습니다.
왜 꼭 미인은 박복하게 되는지 여쭙고 싶습니다.

答

> 잘생긴 만큼 해야 할 일이 있는데
> 그것을 못하니 박복하다.

세상은 아주 공평하다. 그래서 사람이 너무 잘생겨도, 너무 못 생겨도 안 되게 되어 있다. 그런데 왜 미인을 만들어 놓았느냐? 잘생기도록 조물하려면 못 생기게 조물할 때보다 에너지를 더 많이 써야 한다. 즉, 이 세상의 에너지는 한정되어 있기에 어느 한쪽에서 에너지를 조금 더 쓰면 다른 한쪽에서는 그만큼 덜 쓸 수밖에 없다. 그러므로 에너지를 더 많이 써서 잘 만들어 놓았을 때에는 왜 그렇게 해놓았는지를 되짚어 보아야 한다.

사람을 잘생기게 조물해 놓은 것은 아주 좋은 상품과도 같다. 그래서 잘나고, 재주 좋고, 멋있는 사람에게는 구태여 기교를 부리지 않아도 돈 많고 힘 있는 사람이 저절로 온다.

사람이 공부를 열심히 하는 이유가 무엇이냐? 수준 높은 사람과 인연을 하기 위함이다. 박사가 되려 하거나, 우수한 기술을 가지려 하거나, 대학을 가려는 이유 역시 자신의 질량 수준을 높여 수준 높은 사람들과 함께 하기 위함이다.

그러면 미인은 어떠한가? 수준 높은 사람이 미인을 보면 바로 달려간다. 그러므로 잘생기게 하는 것은 사람을 끌어들이기 위한 방편이다. 노래를 잘하고, 축구를 잘하고, 재능을 잘 부리는 이유 또한 사람들의 시선을 끌어모아 인기를 얻기 위함이다. 즉, 얼마만큼의 에너지가 자신을 지켜보고, 관심을 가져주느냐에 따라 자신에게 축적되는 에너지도 달라지고 그에 맞는 에너지를 가진 사람이 다가오게 된다. 인연은 그렇게 오는 것이다.

이처럼 잘생긴 사람은 아무것도 안 해도 사람이 그냥 다가온다. 이 말은 곧 미인은 하늘이 낸다는 뜻으로, 미인을 만들 때에는 하늘의 손으로 한다는 말이다. 그래서 미인은 하늘의 힘을 가지고 있기에 가만히 있어도 사람이 오는 것이다. 그러나 땅의 힘을 받은 사람은 노력을 해야만 사람을 모을 수 있고,

인기도 얻을 수 있고, 자신의 환경도 바꿀 수 있다.

다시 말해 하늘 즉, 천기(天氣)로 빚은 사람은 가만히 있어도 사람이 온다. 그래서 하늘에서 낸 사람이고 하늘의 기운으로 돕기에 잘생긴 사람을 무시하면 안 된다. 그렇다고 해서 잘생긴 사람에게 무조건 잘하라는 것 또한 아니다.

그렇다면 잘생긴 사람은 어떻게 해야 하느냐? 잘생긴 사람에게는 기운 큰 사람이 오고, 그러면 그 자와 대화를 하게 된다. 이때 잘생긴 사람이 갖춤이 없으면 어떻게 되느냐? 말이 통하지 않게 되어 당연히 문제가 생기게 되겠지?

미인을 만나 같이 살려는 것은 미인의 외모 때문이 아니라 미인에게는 뭔가가 있을 것 같아서이다. 그런데 대화를 해 보았을 때, 미인이 안에 아무것도 든 것이 없다면 그 상대를 도울 수가 없다. 그러면 상대는 밖으로 나가 자신을 도와줄 사람을 찾게 된다. 이래서 부인이 미인인 사람들이 바람이 나게 되고 그 가정이 순탄하지 못하게 되니 미인박복이라는 소리를 정확하게 듣게 되는 것이다.

그런데 부인들은 '남편이 바람났다'고 하며 '내가 못 생겼기를 하나, 왜 밖에 나가서 바람을 피우지?' '왜 내 마음을 이렇게 아프게 하지?' 하며 가슴앓이를 한다. 그리고는 바람피는 상대가 술집 여인이라는 것을 알고 나면 "내가 그 여자보다 못한 게 뭐야?" 하며 대드는 것이다. 그러나 부인은 술집 여인과 남편이 서로 말이 통했던 것을 모르는 것이다. '내조'강의할 때 말했듯이, 사람은 말이 통하지 않으면 말이 통하는 자를 찾는다. 왜? 말이 통하지 않으면 가슴이 답답해 미치기 때문이다. 가슴이 터지면 당연히 죽는 것이 아니냐? 그래서 살기 위해 말이 통하는 사람을 만나러 나가는 것이다.

  이 '말'이라는 것이 도대체 무엇이기에 말이 통하지 않으면 죽을 만큼 괴로워 결국 통하는 사람을 찾으러 가느냐? 말을 한다는 것은 서로 기운을 주고받는 것이다.
  그러기에 미인과 말을 함으로써 하늘의 기운이 통하면 어떻겠느냐? 엄청나게 좋지 않겠느냐? 그런데 부인과는 말이 통하지 않았던 것이다. 즉, 하늘의 힘을 부인에게서 받아야 하는데 하나도 들어오지 않고, 오히려 매일 바가지를 긁거나 '팩'하고 화를 내며 돌아서 버리니… 남편은 부인의 기운이 없으면 죽는다. 부모나 친구와 말을 많이 해야 하는 이유도 마찬가지이다. 말을 주고받음으로써 서로의 에너지를 교환해야 한다. 말을 통해서 나의 에너지를 상대에게 줄 수 있고, 상대에게서 내가 에너지를 받을 수 있다. 그러니 말로써 기운을 서로 전달하지 못하면 살아도 사는 것이 아니다. 말이 그만큼 중요하다.

부모자식 간에도 부모가 말을 하지 않고 입을 닫아 버렸다? 이때 친구에게 가서라도 말을 할 수 있으면 그나마 다행이지만, 친구도 없고 말할 곳이라고는 부모밖에 없는데 부모가 입을 닫아 버리면 자식은 미쳐 죽는다. 부모 역시 마찬가지이다. 자식이 입을 딱 닫고 한마디도 하지 않으면 미치는 것이다. 시간이 가면 갈수록 더욱 더하다. 그래서 부모는 자식에게 "너 왜 말을 안 하니? 제발 무슨 말이라도 해봐"라고 하지만, 에너지 소통이 되지 않아 자신의 에너지가 순환되지 않는데, 무엇을 뭐라고 해야 한단 말인가?

이것은 친구와도, 또 스승과도 마찬가지이다. 지금 네가 이 사람을 찾아와 네 속에 있는 이야기를 많이 했는데, 그렇게 되면 어떻게 되느냐? 네 속에 있는 말을 한다는 것은 네 에너지를 지금 토해 내는 것인데, 이 사람이 아무 말도 하지 않고 그저 음식만 먹고 있다면 너는 미치게 된다. 왜? 허(虛)하기 때문이다. 다시 말해, 네 에너지를 말로 다 쏟아 놓아 너는 뻥 뚫려 휑하니 비었는데 그곳을 채울 것이 아무것도 없으니 미치는 것이다. 그러나 그때 이 사람이 아주 깊고 맑은 에너지로 답을 내어주면 그 빈 곳이 꽉 차게 되어 너는 날아갈 것 같아진다. 탁한 에너지를 꺼내고 좋은 에너지를 먹어 에너지가 바뀌게 되니 당연하지 않겠느냐? 그래서 맑은 에너지가 샘솟아 눈이 밝아지니 사람을 보더라도 달리 보이고 하는 일도 잘되는 것이다.

우리가 스승을 왜 찾느냐? 생활을 하면서 탁한 것을 많이 접하게 되면 그것을 해소해야 하는데 혼자서는 해소할 수 없으니, 네 탁한 기운을 바꿔줄 수 있는 기운 큰 분을 찾는 것이다. 그래서 스승을 만나러 가는 것을 두고 '기운 받으러 간다'고 하는 것이 이런 이유에서이다.

그러면 이때 스승은 어떻게 하느냐? 처음부터 네게 말을 하는 것이 아니다. 네가 먼저 스승에게 이런저런 이야기를 하며 여러 가지를 꺼내어 놓는다. 즉, 네가 가지고 있던 탁한 것, 찌들었던 것들을 꺼낸다. 그렇게 싹 끌어내 놓으면 그 기운을 스승이 먹고, 좋은 말로써 네 빈 공간에 맑은 에너지를 넣어 준다.

그러면 너는 맑은 기운이 돌게 되어 다시 생활 터전으로 돌아가면 좋은 일이 생기고 건강도 돌아와 활력이 생기고 일도 잘되게 된다.

아무리 지식이 많아도 상대를 이해시키지 못하면 그 사람은 절대 존경받을 수 없다. 공부를 많이 한 박사라도 소용없다. 박사는 공부를 많이 해서 지식을 가지고만 있을 뿐이지, 지식을 가지고 있는 것만으로는 존경받지 못한다. 상대에게 이해가도록 네가 가진 것을 쓸 줄 알 때, 비로소 상대로부터 존경받게 되고 윗사람이 되는 것이다.

마찬가지로 부인도 지식을 많이 갖추어 남편이 뭔가를 풀지 못하고 답답해 할 때, 남편이 이해가도록 잘 풀어주면 남편은 부인이 존경스러워진다. 이런 여인이 박복하겠느냐? 당연히 아니다.

공부는 미인이 해야 하고, 기운이 큰 사람이 해야 하고, 큰 사람을 만날 수 있는 사람들이 해야 한다. 그렇지 않으면 네가 가진 그 기운에 스스로 치이게 된다. 그래서 미인박복이 되는 것이다.

미인에게는 큰 사람이 오지 절대 작은 사람이 오지 않는다. 작은 사람은 미인에게 함부로 다가와 같이 놀자고 할 수가 없다. 왜냐하면 그만큼 거룩하게 보이기 때문이다. 그래서 기운이 큰 사람이라야만 다가갈 수 있다.

이때 미인은 자신의 기운이 큰 만큼 다가오는 사람을 리드하고 가르칠 수 있는 힘을 가지고 있어야 한다. 그래서 그 힘으로 상대를 위하면 그 자는 미인을 위해 평생 충성하며 산다.

그리고 미인은 평생 자신을 위해서 사는 사람들이 주위에 있어야 한다. 왜냐하면 미인은 공주의 삶을 살아야 하기에 항상 자신을 챙겨 주고 보호해 주고, 허드렛일도 해줄 수 있는 사람이 필요하기 때문이다. 그래서 일반적인 공부는 기운이 작은 자들이 해도 되지만 미인은 지적인 공부를 해야 한다. 이 지적인 공부는 공주, 왕자같은 기운 큰 사람이 하는 것이다. 그래서 한마디를 하더라도 상대가 잘 이해가도록 하는 이러한 공부를 해야 한다. 그래야 세상을 리드하는 지도자가 되는 것이다. 일반적인 공부를 하면 똑같은 자가 되기에 절대 돋보일 수 없다. 그러나 안타깝게도 이러한 공부가 지금의 대학에는 아예 없다.

자신이 미인이라고 생각한다면, 반드시 지적인 공부를 하라. 그러한 공부를 하여 자신을 갖춘 자만이 미인박복이 아닌 미인다복(美人多福)이 된다는 사실을 명심하라.

09* 원수를 사랑하라

問

지금 종교에서 으뜸으로 치는 것이 사랑으로,
원수마저도 사랑하라고 합니다. 그런데 사랑하기가 참 어렵습니다.
어떻게 해야 원수도 사랑할 수 있습니까?

答

원수는 가장 사랑스럽게 다가오는 자이니
그 자를 위해서 살라.

―
사랑?

하느님이 모두를 사랑하라 했으니 무조건 사랑하려고 들지? 그런데 네 부모는 너에게 사랑하라고 하지 않았느냐? 모두 다 사랑하라고 했고, 그 말이 좋은 말인 줄은 안다. 하지만 어떻게 하면 사랑이 되는지 그 방법은 아무도 가르쳐 주지 않았다.
  그리고 한술 더 떠 원수를 사랑하라고 하지? 그런데 그렇게 되더냐? 왜 원수를 사랑해야 하는지 그 깊이는 하나도 가르쳐 주지 않고 무조건 사랑하라고만 하니 아무리 해도 안 되는 것이다.

우리 국민은 좋은 것이라면 다 하고 싶은데 시키는 방법이 틀렸다. 오히려 안 되게 가르치고 있다. 또한 어떻게 하면 그렇게 된다는 것을 가르치는 곳도 없다.

'원수를 사랑하라' 좋은 말이다. 어떻게 보면 거룩한 말 같기도 하고, 어떻게 보면 말도 안 되는 것 같기도 하다. 그렇지만 그 안에는 오묘한 뭔가가 있다.

그러나 지금 이런 방법이라면 절대 원수를 사랑하지 못한다. 아니, 될 수가 없다. 하지만 '원수를 사랑하라'는 이 말은 맞는 말로써, 그 깊이를 알고 나면 비로소 사랑할 수 있다.

지금은 원수라고 하면 내 뺨을 한 대 때린 자가 원수이고, 내 돈을 사기 처먹은 자가 원수이고, 나를 찌르고 우리 아버지를 찔러 죽인 자가 원수라고 알고 있다. 그런데 그 원수를 사랑하라고 하니 될 리가 있는가? 절대 안 된다.

원수를 사랑하라는 말은 그 말이 아니다. 이제 개념부터 하나씩 풀어나가 보자.

누가 원수인가?

원수란 전생에 너와 인연 고리가 빚쟁이 고리로 연결되어 있는 자이다. 그래서 본래 대자연에서 너와는 서로가 업을 갚지 않으면 안 되는 엄청난 죄를 지었기 때문에 이 세상에서 인연으로 만나는 것이다. 이렇듯 서로가 업을 갚아야 하는 것이 대자연의 원리로, 이것이 바로 '원수를 사랑하라'의 근본이다.

그러면 원수는 어떤 모습으로 오느냐?

정확하게 내 자식으로 오고, 내 형제로 오고, 내 친구로 오고, 내 동료로 온다. 그래서 정확하게 빚을 갚도록 오는 것이지, 살인을 하면서, 사기를 치면서는 절대 오지 않는다.

지금까지 원수를 잘못 짚었다. 원수는 최고 사랑스럽게 온다. 즉, 트릭을 써서 온다는 사실이다. 그래서 가장 사랑스럽게 다가오는 자가 최고의 원수로, 이 원수를 사랑하지 않을 수 없게 만들어 놓았다.

평소 내 자식에게 최고 답답할 때 써먹는 소리가 있지 않느냐? "이 원수같은 놈!" 맞다. 저절로 툭 튀어 나온다. 남편과 뜻이 맞지 않아도 "저 웬수 빨리 안 돼지나?" 한다. 정확하게 원수 맞다. 원수는 나에게 다가올 때 지극히 사랑스럽게 다가온다. 그래서 자식으로 올 때에는 내 피와 살을 섞어 오게 하고, 부부로 만날 때에는 눈에 콩깍지가 씌고 안개가 끼어 정신을 못차릴 정도로 사랑스럽게 다가오고, 친구로 만날 때에는 좋아 죽고 못살아 마구마구 손을 붙들고 흔들어가며 만난다. 이처럼 최고의 원수들이 올 때에는 서로 좋아 죽게끔 하여 만나게 해준다.

그러면 이 원수를 사랑하려면 어떻게 해야 하느냐?

그 사람을 위해서 살아야 한다. 빚쟁이에게는 빚을 갚아주면 최고로 좋아하는 법이다. 그런데 오히려 네가 뜯어먹으려고 하고 등쳐먹으려고 하면 되겠느냐?

그리고 빚을 갚는 것도 돈을 주어야 하는지, 밥을 주어야 하는지, 굽실거려 주어야 하는지, 심부름을 해주어야 하는지, 물질적으로 금덩어리를 많이 주어야 하는지, 사업 자금을 대주어야 하는지 어떻게 갚아야 하는지도 모르고 있다. 이런 것들은 모두 1안에 불과하다. 1안만으로는 빚을 갚을 수가 없다. 빚을 갚으려면 정확하게 2안의 것을 해야 한다. 2안은 상대가 인생을 바르게 살아가게 길잡이가 되어 주는 것이며, 그것이 곧 그 사람에게 빚을 갚는 것이고 득 되는 것이다.

돈을 5백만 원 빌려주었다고 득 된 것이 아니다. 그것은 득 되기 위해 신용을 쌓는 기초 작업이다. 그 사람이 돈이 없을 때 내가 돈을 조금 주는 것은 나를 신용할 수 있게 하는 절호의 찬스이다. 그렇게 신용 있게 해놓으면 내가 "이렇게, 이렇게 해야 한다"라고 말하자마자 바로 믿어 버린다. 즉, 신용이 생기고 나면 무슨 말이든 내 말을 믿어 준다.

내가 인생을 바르게 사는 길을 득하여 옳은 길을 안다면 상대를 도울 수 있는 사람으로 변해 있다. 하지만 바른 길을 알더라도 상대에게 신용이 없다면 내가 이야기를 해도 내 말을 믿지 않으니 바르게 이끌어 갈 수가 없다. 그러니 도움을 주지 못하기에 내 빚 역시 갚을 수 없고, 그리하여 결국 내 업도 소멸되지 않는다.

원수 중에 최고의 원수지간이 부모와 자식이다. 그래서 부모가 자식을 이끌 때에는 심뼈를 갈아서 키워야 한다. '오직 자식 잘되라고 허리가 굽어지고, 손발이 닳도록 일을 하고 제대로 먹지도 않고 키웠는데…' 하는 것은 옳지 않다. 그것은 생고생만 죽도록 한 것이다. 누가 그렇게 하라고 했느냐?

손발이 닳도록 일했다는 것은 물질을 많이 만들어 같이 먹고 살려고 노력했던 것이지 자식을 키운 것이 아니다. 자식을 키우는 것은 자식이 성장하여 자기 인생을 똑바로 살아갈 수 있도록 혼신의 힘을 다하고, 심뼈를 갈아 길잡이가 되어 주고 이끌어 주는 것으로, 그렇게 키울 때 바르게 키우는 것이다.

이때 심뼈가 무엇이냐?

사람에게는 두 개의 뼈가 있다. 하나는 육신의 뼈이고, 또 다른 하나는 마음 뼈이다. 지금 뼈 빠지게 고생을 하는 것은 육신 뼈를 가는 것이고, 마음 뼈를 가는 것이 곧 심뼈를 가는 것이다. 자식을 키울 때에는 마음 뼈를 갈아야지 육신 뼈를 가는 것은 미련한 짓이다. 그런데 이것을 깨우치지 못했기에 미련한 방법으로 자식을 키우고 있다.

심뼈를 갈아서 키우는 것은 지적(知的)으로 키우는 것으로, 인생을 바르게 살 수 있도록 이끌어 주는 것이다.

부모가 자식 종아리를 칠 때 무엇이 아프더냐? 허리가 아프더냐? 아니다. 마음이 아프다. 자식에게 먹을 것이 있는데도 주지 않고 밥을 굶길 때에 어디가 아프더냐? 당연히 마음이 아프다. 그때 심뼈가 갈리는 것으로, 이것이 부모 심정이다. 그렇게 해서라도 자식이 바르게 성장하도록 키워야 되는 것이 부모의 임무이다.

부모는 자식을 어렵게 만들어서라도 세상을 알도록, 자신의 인생을 살게 될 때 세상을 반듯이 볼 수 있도록 아주 정성을 다하여 자식을 성장시켜 내야 한다. 그렇게 해서 대자연 함수 3:7의 원리에 의해 3×7=21 즉, 21세까지는 최고로 노력을 다하여 키우면 자식은 성인으로 탈바꿈한다. 그러면 세상 모든 것에 시달리며 노력해왔던 과정을 통해 이 대자연이 어떻게 돌아가는지 원리를 깨우치게 된다. 그래서 자신의 인생도 알게 되고, 자신의 인생을 알면 부모님의 인생도 알게 된다.

나를 알면 남도 알게 되고, 왜 살아야 하는지, 이 대자연의 구성은 왜, 무엇 때문에 이렇게 되어 있는지를 알고, 내 일생 살아가는 것이 얼마나 중요한지를 알기 때문에 상대를 바르게 대하게 된다. 그래서 깨우치고 나면 상대 대하기를 진정 나만큼 존중하는 것이다.

대자연을 깨우치고 나를 깨우치고 나면 내가 얼마나 큰 존재인지, 얼마나 거룩한 사람인지, 그리고 내가 거룩하다면 상대도 거룩한 존재임을 분명히 인식하게 된다. 또한 내가 상대에게 잘못함으로 인하여 상대의 기운이 탁해져 그것이 업이 되어 우리가 이 3차원에 오게 된 그 이치 자체도 알게 된다. 그러니 '왜 우리가 원수라고 했던가?'도 당연히 알게 되어 원수를 사랑하지 않으면 안 되는 원리를 깨우치게 된다. 그래서 스스로 원수를 사랑하게 된다.

깨우치고 나니 원수는 원수가 아니었음을 알게 되고 당신을 위해 사는 것이 나의 인생이요, 당신은 나를 위해서 사는 것이 당신의 인생임을 알게 되어 이제부터 남을 위해 살게 되는 것이다. 그래서 내가 진정으로 남을 위해서 산다면 상대도 그것을 알아 정확하게 나를 위해 살 수밖에 없도록 대자연은 스스로 빚어져 있다. 다시 말하지만, 원수는 최고 사랑스럽게 다가온다.

지금 너에게 최고 사랑스러운 자가 누구이냐?

민족이여 깨어나라

10* 섬세한 아름다움, 내조

問

사회적 지위와 생활 여건에 따라
여자들의 내조법도 각각 다를 것 같습니다.
올바른 내조를 할 수 있는 방법이 무엇인지 가르침을 주십시오.

答

진정한 내조는 말이 통해야 한다.

우리가 사는 이 세상에는 계층이 있게 마련이다. 이때 계층이란 힘과 지배논리의 계층이 아니라, 태어날 때 기운을 크게 가져온 사람과 중간쯤 가져온 사람, 그리고 조금 작게 가져온 사람들의 층을 말한다.

내조는 주로 상층에 필요한 것으로, 상층은 다시 상급, 중급, 하급으로 나눌 수 있다. 이때 하급이란 하급 기운을 가졌다는 의미로 사람이 하급이 아니라 그 자의 할 일이 하급 위치에 있음을 말한다. 그런데 이러한 하급이 자신의 본분도 모르고 마냥 위만 보고 달리면 자신의 인생을 망치게 된다.

그러면 상층 중에서도 제일 위의 상급, 소위 말하는 특급인 자들은 어떻게 사느냐? 여기서 특급이란 회장이라든지 대통령이라든지 각 층의 지도부들을 말한다. 그들의 삶은 일반인의 삶과 다르다. 그래서 그들의 부인이 되려는 여인은 자신을 갖추는 공부를 어마어마하게 많이 해야 된다.
　만일 그 공부를 하지 않은 여인이 자리가 탐나서 특급의 배우자 자리에 갔다? 그 여인은 그때부터 눈물로 일생을 살아야 된다. 이때 눈물을 두 번 다시 흘리지 않으려면 처음 흘리는 눈물이 일반적인 눈물과 달라야 한다. 그때의 눈물은 백성들의 피와 땀이라는 큰 기운을 먹고도 자기 할 일을 하지 못해 흘리는 반성의 피눈물이어야 한다. 즉, 자신이 그 자리에 앉아 제 할 일을 못하는 바람에 자신의 남편이 자기 역할을 하지 못하여 많은 사람들에게 큰 힘을 내려 줄 수 없었다는 것을 알아야 한다.

　우리 여인들의 내조는 정말 중요하다. 회장의 부인이 되려면 회장을 내조할 줄 알아야 한다. 부인이 내조를 못하면 회장이 힘을 쓰지 못하게 되어 자리에는 앉아 있으되 그 자리에 없는 꼴이 된다. 회장은 이 나라를 통째로 들고 엎어도 몇 개밖에 없는 자리이다. 그런데 그런 자리에 있는 회장들이 자신의 일을 바르게 못하면 우리 국민에게 엄청난 어려움이 다가오게 된다.

이제 오늘의 강의 주제인 우리 여인들의 내조에 대해 들어가 보자.

상급 부인의 내조

특급의 부인들 즉, 회장 부인이라든지 대통령 부인이라든지 이런 분들은 삶 속에서 굉장히 많은 것을 누리고 산다. 그들은 일반인들과 비교할 수도 없을 만큼 크게 누리고 있다.

그런데 그들에게 주어진 조건은 무엇을 하라고 주어진 것인지, 왜 백성들의 피와 땀을 짜서 전부 한 군데로 몰아주는지 이에 대한 깊이를 바르게 알고 있느냐? 그것은 바로 그들이 잘나고 예뻐서가 아니라 이런 환경 속에서 할 일이 있기에 백성들이 모아준 비용으로 하고 싶은 것을 할 수 있도록 해준 것이다. 그런데 누릴 것은 다 누리면서 하는 것이라곤 내조 한답시고 집안 건사나 하면서 빨래 잘하는지 감독하고 밥 잘하는지 감독하고, 정원 잘 가꾸도록 지시하고 기사에게 운전 잘하라고 지시하고, 또 자식을 잘 키운다는 명목 하에 여기저기 쫓아다니며 자식 수발하고, 회장님 비서로 예쁜 여성이 들어오면 혹시 바람피우지 않을까 감시하고 있다. 그들이 하는 일이라고는 전부 이런 사소한 것들을 지시, 감독하는 것뿐이다. 다시 말해, 회장 사모님이 아니라 감독관이다. 그것도 상급이 아닌 하급 일의 감독관이다. 그러면서 그것이 내조인 줄 알고 있다.

　회장 사모님들에게는 손끝 하나 까딱 하지 않아도 무엇이든지 할 수 있게 많은 경제를 주었다. 그리고 그 경제로 오는 인연을 모두 거두어 아래에 두면서 집안일같은 하급 일을 전부 맡길 수 있도록 인연도 다 보내 주었다.
　그렇다면 사모님이 할 일은 무엇이냐? 회장님이 밖에 나가 많은 사람들과 일을 할 때에는 기본적인 일 이외에 지적(知的)인 일도 요하게 된다. 이때 기본적인 일은 회장님이 할 수 있지만, 지적인 일은 사모님이 해야 한다. 그것이 바로 내조이다.

　삼성이나 현대같은 기업을 보면, '삼성가족' '현대가족'이라고 한다. 이때 '가족'이라 함은 누구를 말하느냐? 사원뿐만 아니라 거래처와 소비자까지 전부를 말한다. 따라서 기업이 성장하면 이 모든 가족은 뭔지는 모르지만 큰 기대를 한다.

그 기대가 무엇이냐? 그들도 확실히는 모르지만 기업에서 뭔가 잘 해주기를 바라는 것이다. 그것이 바로 지적인 것이다.

그들은 그렇게 바랄 자격이 있다. 기업 가족들은 기업이 물건을 잘 만들든 못 만들든 일단 생산하여 세상에 내놓으면 기업이 이윤을 많이 남기더라도 물건을 사준다. 그리하여 기업이 생산한 물건을 기업 가족이 구입함으로써, 교환이란 명목으로 경제가 돌고 돌아 가족이 가지고 있는 경제가 다시 기업으로 들어가는 것이다. 그렇게 기업 가족들이 전부 다 십시일반 동참하여 힘 있는 자에게 경제를 몰아주어 기업의 '부(富)'가 일어나게 되고 기업이 큰 힘을 가질 수 있게 된다. 그리고 그 '부' 속에는 각 분야의 재주와 기술, 사람까지도 전부 다 몰려 들어 있다. 그래서 이러한 것을 모두 기업 가족이 만들어 주기 때문에 그들은 기업에 요구할 자격이 있는 것이다.

그런데 이때 가족들은 시간이 지나도 물건만 계속 만들어 달라는 것이겠느냐? 아니다. 어느 시기가 되면 지적인 것을 생산해 달라는 요구를 하게 된다. 그때부터 기업은 막히게 되고 회장도 밖에서 하는 대화가 막히게 된다. 하지만 회장은 그러한 요구가 무엇인지도 모르고 또 막히게 된 원인도 모르니 그에 대한 답도 당연히 모를 수밖에 없다. 이제 양(陽)인 회장의 기운은 끝났으며 그때부터는 지혜로 풀어야 할 때가 시작된 것이다.

그러나 회장은 지혜를 갖추지 못했고 도(道)도 얻지 못했다. 결국, 회장은 기업 윤리의 근본 도를 세우지 않고 기업을 경영했던 것이다. 그러니 시간이 지나면서 하는 일마다 딱 딱 막히게 되는 것이다. 이것이 스트레스로 쌓여 회장은 그 스트레스를 집으로 가지고 들어간다. 이때 절대 술집으로 먼저 가져가지 않는다.

그런데 회장이 집에 들어와 보니 부인은 달리 하는 일 없이 집에서 꽃이나 가꾸고, 눈에 띄는 게 커튼이고 벽지이다 보니, "이 집사, 저게 뭐야? 어머, 집이 너무 우중충하잖아. 커튼이고 벽지고 요즘 유행에 맞게 빨리 특 A급 신상으로 바꿔~"하며 그런 것이나 신경 쓰고 지시하며, "사우나나 할까, 수영이나 갈까, 골프를 치러 갈까, 요새 새로 나온 다이아 반지가 뭐가 있지?" 하면서 여기저기 돌아다니며 허튼 짓거리를 하며 놀고 있다. 물론 회장 부인이니 돈이 많아 얼마든지 그럴 수 있다. 하지만 그렇게 놀다 시간이 지나면 정확히 남편이 갑갑해서 들어

올 때가 온다. 그것도 정확하게 온다는 사실이다. 그동안 잘~ 놀았지.

부인은 그제서야 '아이고 회장님이 요즘은 왜 저렇게 저기압인가?' 하고 이상하게 생각하며 슬슬 눈치를 본다. 부인도 내조 공부를 하지 않아 그 이유를 모르니 그에 대한 답 또한 없을 수밖에….

남편이 답을 찾지 못해 갑갑해서 들어오면 부인이 대화 상대가 되어 그 이유가 무엇인지를 알고 풀어서 답을 주어야 하는데 그 답을 주지 못하는 것이다. 그러니 남편이 얼마나 답답하겠느냐? 그렇게 하루 이틀 흐르고, 며칠이 지나도 남편은 계속 그런 상태로 집에 들어온다.

그런데 그때까지도 부인이 그것을 풀어주지 못한다? 남편은 이제 더 이상 기다릴 수가 없다. 어떤 식으로든 밖의 일을 분명히 해결해야 되기에. 이제부터 남편은 부인과 말도 안 통해 집에 들어오면 더 갑갑하고 성난다. 부인이라는 여자가 매일 다이아 반지나 찾으며 놀고 돌아다니다 보니 남편과 대화가 통할 리가 없다. 부인이 아무리 천하일색 양귀비라도 이때는 아주 마귀같이 보인다. 남자가 한 번 갑갑하기 시작하면 눈앞이 캄캄해진다. 그래서 미색(美色)도 미색으로 보이지 않고, 꽃도 꽃으로 보이지 않는다.

이쯤 되면 정확하게 주위의 친구도 눈치를 챈다. 왜냐하면 집안에서 계속 갑갑하면 그 기운이 밖에서도 조금씩 묻어나오기 때문이다. 그래서 눈치를 챈 친구가 남편을 밖으로 불러내게 된다. 그리고는 "요새 왜 그래?" 하면서 아픈 곳을 쿡쿡 찌른다. 남편은 혹시라도 친구에게 답이 있을까 하여 친구를 만나 술도 조금 하면서 간단하게 대화를 나눈다. 남편 친구도 뭔지는 모르지만, 가까운 친구니까 친구로서의 역할을 담당해 보려고 남편을 불러내는 것이다.

항상 남편은 부인 다음이 친구이지, 절대 친구가 먼저는 아니다. 그런데 1차적으로 부인이 해결을 못했으니 2차로 친구가 남편을 불러내어 나가는 것이다. 그래서 이제부터 남편은 밖으로 돌게 된다. 그러면 부인은 "요새는 집에도 늦게 들어오고 안 하던 술도 한 잔 하고 정말 이상하다"고 하며 투덜투덜 댄다.

남편을 불러낸 친구는 기분 풀어준답시고 요정과 같은 특급 술집으로 남편을 데리고 간다. 남편도 술집에 간 것은 처음부터 여자를 만나러 간 것이 아니다. 기분도 상하고 갑갑하고 집에 가도 별 뾰족한 수가 없던 차에 친구가 술 한 잔 하자고 하니 그곳으로 살살 끌려가게 된 것이다. 그래서 거기서 여자 파트너를 옆에 두고, 술을 먹으면서 기분을 조금 풀게 된다. 이때까지도 파트너인 여자에게는 아무 관심이 없고 오직 지금 풀리지 않아 갑갑하고 답답한 문제를 두고 친구와 대화를 나눌 뿐이다. 그런데 그럴 때 옆에서 가만히 술만 따르며 조용히 앉아 있던 파트너가 대화 내용을 듣게 된다. 그러면 파트너는 손님이 고민하고 있는 문제를 어떻게 하면 풀 수 있는지 알게 된다.

왜 그런가 하면, 먼저 상대방 이야기를 듣지 않고 이러니, 저러니 하면 말부터 많아지고 답을 못 찾지만 처음부터 옆에서 가만히 듣기만 하고 말을 하지 않으니 답을 알게 되는 것이다. 또 고급 술집이란 곳은 밖에서 시련을 겪어도 급수가 높게 겪었고, 배울 것도 다 배워야 서비스를 할 수 있는 급수 높은 여자들이 모인 곳이다. 남편이 그런 곳에 갔다는 것은 똑같은 기운끼리 만난다는 것이다.

그렇게 시간이 조금 지나고 파트너가 옆에서 가만히 시중을 들면서 듣다 보니 몇 마디 말을 해주어야 되겠다는 생각이 들어 술을 한 잔, 두 잔 따르며 남편에게 말을 살살 걸기 시작한다. 그런데 파트너가 해주는 말이 심상치 않고 뭔가 살살 귀에 들어오는 것이다. 그때부터 남편은 친구에게 신경이 가지 않고 오로지 옆의 파트너에게만 신경이 가게 된다.

사실 남편은 친구에게 답이 있을지도 모른다는 생각에 계속 만나 대화를 했고, 친구 역시 자신이 답을 줄 수 있을 것 같아 남편을 만나 대화를 한 것인데 친구도 정확한 답이 없으니 기분이나 풀어주려고 술집으로 데리고 갔던 것이다. 그런데 친구보다 옆의 파트너와 서로 대화가 되니 이제부터 파트너에게만 관심을 갖게 되고 친구와도 멀어지게 되는 것이다. 친구는 매일 만나도 "그래도 어쨌든 한번 노력해 봐야지" 하는 소리만 할 뿐이지만 파트너는 살살 다가와 눈치껏 애교를 부리며 대화도 풀어주는 것이다.

사람은 통하는 사람과 이야기를 하면 숨통이 터진다. 그러니 말이 통하는 파트너와 가까워지는 것은 당연하다. 그래서 남편은 이제 부인이고 친구고 뭣이고 염두에 없게 된다. 회사에 나가서도 오로지 술집의 그 여자밖에 생각나지 않는다.

처음 어려웠을 때에는 부인이 먼저였었고 다음이 친구였고 그다음이 파트너였는데, 이제는 부인과 친구가 먼저가 아니라 술집의 파트너가 먼저가 된다. 말이 통하니 정이 가고, 못생겨도 전혀 상관이 없다. 부인과 친구와도 안 통했던 말이 술집에 있는 파트너와 통해 대화하다가 정이 가니 이제는 서로가 마음에 있는 것까지 하나씩 꺼내 놓기 시작한다.

　술집에 나가는 여자들은 전부 다 과거에 한 번은 실패를 해 보고 그 기운에 부딪쳐 본 전력(前歷)이 있기에 외로움을 알고 그런 아픔이 무엇인지 다 알고 있다. 또한, 한 번 부딪친 사람은 한 번 부딪친 사람을 만나면 풀리게 되어 있다. 그래서 처음에는 조그마한 기운에 받친 것이니 대화를 하면서 그 속에서 정확하게 자신이 왜 어려워졌는가에 대한 힌트를 얻게 된다. 그 힌트를 가지고 회사에 나가 일을 처리하면 어려웠던 것이 딱 풀리게 된다. 그때부터 그 파트너는 남편에게 생명의 은인이 된다.
　남편이 꽉 막힐 때, 이것을 뚫어주는 것은 그에게 제2의 생명을 주는 것으로, 오직 막힌 것을 뚫어주는 사람만이 생명의 은인이 된다. 이것은 금덩어리로도 안 되고, 절세미인으로도 안 된다.
　이렇게 막힌 것이 뚫렸으니 파트너는 내조를 한 것이 된다. 파트너가 화류계에 있든 서비스업에 있든 그것은 중요치 않다. 그 사람이 자신에게 내조를 해주었으니 그 정을 뗄 수가 없는 것이다.
　부인은 내조를 해야 부인이지 내조를 못하면 부인이라고

할 수 없다.

알 것은 분명히 알아야 한다. 인물이 반반하다고 부인 자격을 갖는 것이 아니다. 내조를 못하면 절대 부인 자격이 없다. 빨래 잘하고 된장국 잘 끓이고 거기에 신경 써서 미더덕 한 개라도 더 넣으면 더 훌륭한 내조인 줄 알겠지만, 요리는 요리사가 더 잘하고, 빨래는 가정부가 더 잘한다. 그리고 아이들을 잘 보살피며 넘어지지 않게 키우는 것이 내조인 줄 알고 있지만 그것은 또 유모가 더 잘한다. 특급의 부인들은 '공주' '마님'이라 손에 묻은 물도 탱탱 튕기며 사는데 어떻게 그런 것을 잘할 수 있단 말이냐? 못한다. 그런데 그러한 것을 내조인 줄 알고 "우리 회장님은 내 손으로 해드리는 밥을 제일 맛있어 한다"고 하면서 집에서 밥을 짓고 있다. 회장이 밥 못 먹어 환장했나? 그러면서 잘 놀아 봐라. 어떻게 되는지. 시간 지나보면 정확하게 안다.

남편은 자신을 내조해 준 여자에게 빠져 이제 집을 나가게 된다. 그러나 이때 집을 나갔다고 계속 안 들어오느냐? 정확하게 다시 들어온다.

한 번 갑갑하고 막혔던 것은 이제 시작에 불과하다. 조금 있으면 또 다른 어려움이 온다. 한 번 막힌 것을 부인은 풀어 주지 못하였으나 술집의 파트너는 풀어 주었다.

그러나 두 번째 어려움이 올 때는 정확하게 더 지적인 것을 요하는 일이 다가오는데, 이때 남편은 또 막히게 된다. 왜냐하면 처음 그 여자가 정확하게 어려움의 근본을 풀어준 것이 아니라 기운으로, 재주로, 임시방편으로 풀어주었던 것이다. 그래서 남편은 또 막혀오지만 이번에는 그 여자도 풀어주지 못한다.

왜? 남편이 정도 주고, 아파트도 사주고, 많은 경제를 대주다 보니 그 여자도 또 자기가 잘났다고 마치 사모님이라도 된 양 "어머~ 수영이나 해볼까, 사우나나 가볼까, 오늘은 무슨 샴페인을 사놓고 기다릴까?" 하는 짓거리를 하며 또 헛된 시간을 보내 버리고 말았기 때문이다.

'회장님을 모시려면 내가 무언가를 갖추어야 되겠다'고 하며 더욱 큰 지적인 공부를 하며 노력해야 했으나 그렇게 하지 않은 것이다. 그러니 좋다고 놀면서 지나갔던 시간 동안 어려움이 다가오는 줄을 몰랐던 것이다. 그래서 또다시 어려움이 닥쳐왔을 때 해결을 못하는 것이다. 그 여자도 부인처럼 지적인 내조 공부를 하지 않은 것이다.

남편은 그렇게 또 막히면 지난 번과 같이 몇 번 친구도 만나고 술집을 다녀 봐도 답답하니 그 여자에게 정이 뚝 떨어지고 '그래도 조강지처가 낫다' 하며 집으로 들어간다. 이것은 100% 정확하다. 이때 남편은 약간 미안하기도 하고 갑갑하기도 하여 부인 눈치를 살살 보면서 선물도 사 가지고 다시 집으로 슬슬 들어갔는데 부인에게는 또 답이 없는 것이다. 그러면 또 정확하게 친구가 남편을 불러낸다.

그래서 남편은 앞에서 했던 것처럼 그 코스를 또 밟는다. 다시 친구하고 자주 만난다고 하면 그것은 틀림없이 또 나갈 것임을 알아야 한다. 경험해 놓고도 모른다면 바보 등신이다.

그런데 남편은 예전의 그 코스를 정확하게 밟아도 이제는 그때 갔던 술집으로는 안 된다. 술집을 가더라도 조금 더 급수가 높은 술집으로 가야 한다. 사람이 두어 번 실패를 하면 경험도 풍부해져서 급수도 높아진다. 기운은 끼리끼리 만나기에 남편은 그곳에서 두어 번 정도 실패한 여인을 파트너로 만나게 된다. 같은 급끼리 만나야 말이 통하기 때문이다.

거기서 또 남편은 파트너와 대화하다 보니 말이 살살 통해 막힌 것이 딱 풀린다. 이렇게 해서 둘째 여자, '세컨'이라고 하나? 어쨌든 본부인 말고 두 번째로 새로 얻은 부인이 생기는 것이다. 그렇게 되면 전에 만난 여자는 어떻게 되느냐? 내버리지는 못하고 구석에 처박아 놓는다. 그러면 그 여자는 질투를 하고 난리가 난다. 하지만 질투해도 소용없다. 내조를 못했기에. 남자는 내조한 사람에게 정확하게 정이 간다. 그래서 남편은 지금 새로 얻은 여자에게 정을 막 쏟는다. 그건 누구도, 어떠한 것으로도 막지 못한다.

그런데 이 여자도 조금 있으면 수영 다니고, 골프 치러 다니고, 이러다 보면 시간이 지나 이전 여자들의 전철(前轍)을 밟듯이 남편은 정확하게 딱 막히게 되고 이제 거기서도 해결 못하게 된다. '나를 갖추는 공부'를 하지 않았으니 다음에 다가오는 어려움을 절대 해결할 수가 없는 것이다. 그러면 또 정확하게 남편은 집으로 들어온다. 그런데 그때에도 부인이 내조할 준비가 안 되어 있다면 남편은 계속해서 헤매고 다녀야 한다.

이렇게 해서 회장이라든지 특급에 있는 분들이 본처 모르게 데리고 있는 여자가 일곱, 여덟씩 되는 경우가 생기게 되었던 것이다.

그들이 처음부터 바람피우려고 한 적은 없다. 자신에게 필요한 내조를 기다리고 있었던 것인데 여인들이 미련해 이를 몰랐던 것이다. 지도자들은 뭔가 말이 통하는 사람을 찾고 있다. 그래서 그런 사람을 만나면 '내 재산 다 줘도 괜찮고, 내 목숨을 걸어도 괜찮다'고 생각한다. 이 사람이 지은 '여인의 길'이란 시에 이런 내용이 모두 담겨 있다.

특급 부인들은 이런 식으로 내조를 하지 못하면 그 가정의 명맥만 겨우 유지하면서 가슴에 피멍을 쓸어안고 평생 동안 지고 가야 한다. 그러다 결국은 자신의 몸도 병이 들어 누워서 죽을 때까지 그 아픔을 끌어안고 아주 힘들게 살아가게 된다. 사주조차 헤어지지 못하는 사주라서 헤어지고 싶어도 헤어질 수가 없다. 그러한 것을 켜켜이 보면서 특급의 부인들은 피눈물을 집어 삼키고 산다.

그래서 어떤 부인들은 바람피우는 남편을 집에 들어오게 하려고 돈으로도 메워보려고 하고, 비서를 시켜서 어떻게도 해보려고 하고, 굿도 해보고, 유명한 스님을 찾아가서 부탁도 해보고, 천도도 해보며 온갖 난리를 친다. 하다못해 용하다는 점쟁이나 무속인 특급이라도 찾아간다.

특급은 특급끼리 놀고, 또 돈이 많으니 무속인이라도 특급을 만나게 된다. 그러면 그 무속인은 굿으로 해결해 준다고 한다. 이때 방침을 한다며 고춧가루는 바위 저쪽 구멍에 박고, 해삼

말린 것은 이쪽 구멍에 박고, 회장님 속 팬티를 태워 물에 섞어 마시라고 하는 등 사모님에게 온갖 별별 짓을 다 시킨다. 그러면 아무리 특급 회장 사모님이라도 회장님을 집에 들어오게 하려는 욕심때문에 또 분별없이 그런 짓을 시키는 대로 하게 된다. 정말 회장 사모님 꼴이 딱 우습게 된다.
 그런 짓을 다 하고도 어찌 회장 사모님이라 할 수 있겠느냐?

 그런데 더욱 기막힌 것은 그러고도 해결되지 않는다는 사실이다. 어쩌다 해결이 잠깐 되었다고 해도 그것은 엄청나게 시달리고 나서 일이 저절로 해결될 때쯤 되었기에 해결된 것인데, 회장 사모님은 '굿을 해서 성불 봤다'고 하며 다음에 또 회장님이 바람피우면 그 짓을 또 하러 간다. 그래서 굿이 굿을 낳게 되고, 부적이 부적을 낳게 되고, 천도가 천도를 낳게 되어 단골이 되는 것이다.

 그렇다면 어떻게 해야만 남편을 집으로 들어오게 할 수 있느냐? 네 잘못이 무엇인지 밝혀내지 않으면 절대 안 된다.
 사람이 스님을 찾고, 목사를 찾고, 도인을 찾는 것은 결국 스승을 찾으러 다니는 것이다. 왜? 어려우니까.

누구든지 어려워지면 도와줄 누군가를 찾게 되어 있다. 그래서 부인들이 아픈 가슴으로 스승을 찾아오면 스승은 너의 자리는 어떠한 자리이며, 네가 그에 맞는 내조를 못하면 이러이러한 결과가 오게 됨을 가르쳐 주며 "네가 갖추지 아니하고 그 높은 자리에 앉으려 했더냐? 그건 욕심이 아니더냐?" 하며 "회장님을 들어오게 할 수 있는 방법과 두 번 다시 잡지 못하는 방법이 있는데 어떤 것을 하고 싶으냐?" 하고 묻는다. 그러면 모두 "들어오게 하고 싶습니다"라고 한다.

이때 스승은 "회장님을 들어오게 하려면 집나간 것을 원망치 마라. 그리고 그 여인을 질투해서도 안 되고, 욕한다거나 나쁘게 생각해서도 안 된다"고 하며 그 이유를 가르쳐야 한다. 그리고는 "네 잘못이 어디에 있음을 알고, 너 하나가 바르게 행하지 못하여 회장님이 엄청나게 어려운 일을 겪었으며 그때마다 그 많은 식솔들도 전부 다 어려움을 겪었음을 알고 이제 피나는 노력으로 너를 갖추어라"고 하며 내조 공부를 시켜야 한다.
그러면 내조 공부는 어떻게 시켜야 하느냐?
"만 중생을 상대하는 너의 남편은 너 혼자의 소유물이 아니니 네가 독차지하려고 들어서는 아니 된다. 또한 너는 공인의 신분으로서 사적인 생활을 해서도 아니 되고, 또 너의 땀 한 방울이 만 중생에게 피가 될 것이며, 네가 노력 한 번 하는 데에 만 중생이 웃을 것이니 너의 마음은 항상 백성을 향해야 하며 그것이 상층에 있는 사람의 본분이자 의무이니라" 하고는 자신만을 위해 개인적, 이기적으로 살던 것에서 벗어나 공적(公的)으로 살아가는 방법을 스승이 가르쳐 주어야 한다.

이러한 삶을 살아가야 하기에 특급이라 하는 것이다. 이렇게 스승에게 공부를 바르게 하여 집에 돌아가게 되면 이제는 부인도 모든 것이 자신의 잘못에서 비롯된 것임을 알게 된다. 바른 법을 제대로 가르치지 못해서 그런 것이지 바르게 가르쳐 주기만 하면 특급은 특급이기에 잘 받아들인다.

그런데 지금까지 이런 것을 가르치는 선지식이 없었다. 어려워서 찾아오니 그것을 풀어준답시고 목탁이나 두드리고 경(經) 줄이나 외우고 있으니…. 경줄 외우는 것과 부인이 지금 어려운 것과 무슨 상관이 있단 말이냐? 어려운 것은 자신이 잘못해서 어려운 것이다. 그래서 깨우쳐 주는 것만이 그 사람을 득 되게 하는 일이다.

이런 식으로 부인을 바르게 가르쳐 집으로 보낸다.

남편이 어려워지면 정확하게 조강지처에게 먼저 오기에 부인은 자신을 갖추고 기다리기만 하면 된다. 그리하여 남편이 돌아왔을 때 부인은 남편을 품어야 한다.

이때 부인은 남편에게 "미안합니다. 제가 내조가 무엇인지 모르고 천방지축으로 살았으니 이 고통을 혼자 짊어지느라고 얼마나 어려웠습니까?" 하고는 용서를 빌면서 같이 의논을 한다. 그러면 정확히 그 속에서 지금까지 어려웠던 일들이 딱 풀리게 되어 있다. 왜냐하면 서로가 말이 통하면 어려운 것이 풀리도록 대자연이 조물해 놓았기 때문이다. 이것이 특급들의 내조이다.

여러분은 회장들, 대통령들에 대해서 이런 저런 이야기들을 뒤에서 들어 많이 알고 있지? "어느 회장님 둘째 부인이 누구다. 셋째가 누구고, 일곱째 부인은 어디서 무슨 백화점을 갖고 있다" 하며 다 알고 있지? 그들은 국민이 모르는 줄 알고 있지만 이미 다 알고 있다.

그러나 이런 것만 보고 회장님을 불신해서는 안 된다. 그것은 회장님의 잘못이 아니라 부인이 내조를 잘못하여 일어난 일임을 분명히 알아라. 그래서 회장님을 욕해서도 아니 되며, 또한 내조를 못한다고 회장님 부인을 욕해서도 아니 된다. 이런 일들이 여러분에게도 일어나지 말란 법이 있느냐?

그렇게 알고 이제 앞으로 그들에 대해 불신하거나 욕하지 마라.

중급 부인의 내조

이제 중급으로 가보자.

중급은 어떠한 층을 말하느냐? 중소기업 사장이라든지 관료의 장급, 대기업의 임원같은 자들을 말한다. 이들 또한 마찬가지이다. 그들도 많은 식솔들을 거느리는 힘을 가진 사람들이다.

그러면 그런 사람들의 부인은 어떠한 삶을 살아야 하느냐?
앞서 말했듯이 남자들이 막히는 원리는 똑같다. 그들은 그 자리에 있을 때 힘과 권력으로는 다 할 수 있지만 자신에게 온 인연들이 지적인 것을 요할 때 막힌다. 그렇게 되면 그 사람들 역시 별다른 재주가 없다. 역시 남편을 친구들이 끌어낸다. 친구들이 끌어내어 나갔다고 하면 내조를 친구에게 빼앗긴 것이다.

   그들도 답답하면 제일 먼저 정확하게 집으로 들어온다. 그런데 집에 들어오면 중급이 하는 짓은 특급들과는 조금 다르다. 특급은 입 다물고 그냥 무게만 잡으며 집에 와서는 화를 내지 않는다. 그런데 중급은 집에 들어오면 화를 낸다. 처음에는 화를 안 내고 말이 없지만 부인이 막힌 것을 다스려 주지 않으면 그다음에는 화를 조금 내고, 그래도 답이 안 나오면 옷을 벗어서 홱 던진다든지 술을 조금 먹고 들어와 소리를 지른다든지 한다. 좀 과격하다. 부인은 남편의 이런 짓이 나오기 시작하면 빨리 알아차려야 한다. 엄청나게 막혀 있음을 행동으로 알려주는 것이다.

   그럼에도 불구하고 부인이 이것을 다스려주지 못하니 정확히 친구따라 밖으로 나간다. 그러나 부인은 "이 양반이 요새 왜 안 하던 짓을 하고 뭣 때문에 그러는지 모르겠다" 이러고는 자기 친구들과 또 예전처럼 아무 생각없이 놀고 있다. 그러면 남편은 친구가 데리고 가는 술집에 따라간다.

   이번에는 특급 술집이 아니라 그 밑에 있는 중급 술집으로 간다. 그렇게 해서 술집에 가면 거기서도 역시 마찬가지이다. 친구가 풀어 주면 좋겠지만 그 친구의 몫은 남편을 끌고 가서 인연 줄을 놓아 주는 것이지 막힌 것을 풀어주지는 못한다. 왜? 친구는 실패자가 아니기 때문이다. 그래서 그 깊이를 모르는 것이다.

여기서도 정확하게 술집에 가면 풀린다. 왜? 여자들이 삶에 실패하면 정확히 술집이나 식당, 요릿집 등 서비스업으로 가기에 그곳에 가면 앞에서와 마찬가지로 말이 통하니 풀리는 것이다.

그때부터 마누라, 부인? 이제 눈에 안 들어온다. 특급과 마찬가지로 이 여자가 사랑스러워져 둘째 부인으로 삼는다. 조강지처라도 내조를 못했기 때문에 지금은 부인이 아니다. 내조하는 사람은 결혼과 상관없이 부인이다. 그러니 내조를 못하면 부인이라고 자처하지 마라.

이때 중급 부인들 역시 특급 부인과 하는 짓이 조금 다르다.

남편이 성나면 동물 짓을 하듯이 부인도 똑같이 동물 짓을 한다. 첩이라고 하지? 조강지처가 첩을 찾아가 "야, 이년아~" 이러면서 첩의 머리카락을 쥐어뜯으며 욕을 하고 악을 쓰며

못 살게 군다. 그것이 특급의 부인과 다른, 중급의 부인이 하는 짓이다.

그런 식으로 부인은 아주 힘들게 단계, 단계를 밟는다. 그래도 남자는 집으로 들어오지 않는다. 그러나 여기에서도 두 번째 어려움이 딱 닥쳐올 때 정확히 남편은 들어온다. 내조가 안 되면 남편도 정확하게 첩을 버린다. 그러기에 부인이 구태여 찾아가 머리카락을 뜯지 않아도 되었다. 괜히 싸웠던 것이다. 이렇게 앞일을 모르면 아주 희한한 짓도 하게 된다. 그렇게 정확하게 남편은 본처에게 다시 온다. 그런데 부인은 첩 머리카락만 뜯고 있다 보니 또 자신을 갖추어 놓지 못했던 것이다. 그러니 어떻게 되겠느냐? 남편은 갑갑해서 첩을 버리고 집으로 다시 들어온 것인데 집에서도 안 풀리니까 또 나가는 것이다. 들어온 것도 잠깐이다. 그러니 '피우던 바람 어디 가나'라는 소리를 또 듣게 된다. 그렇게 남편이 나가서 또 다른 여자를 얻고 나면 부인은 더 난리가 난다.

먼저 바람피웠던 전과도 있으니 부인이 이제는 아예 처음부터 보초를 선다. 속을 부글부글 끓이면서 눈에 쌍심지를 켜고 누구를 사서 미행을 붙이기도 하고 온갖 방법을 다 동원한다. 요새는 퀵서비스도 부른다면서? 그리하여 두 번째 얻은 여자도 막 잡아 뜯기고 난리가 난다. 이렇게 세 번째쯤 가면 서로가 진이 다 빠지게 된다.

하지만 중급도 쉽게 헤어지지 않는다. 특급과 마찬가지로 들어왔다가 또 해결되지 않으니 나갔다가, 여자 하나 더 생기고…. 그러나 특급은 여자를 일곱이나 여덟도 둘 수 있지만 중급은 두세 명밖에 두지 못한다. 절대 세 명 이상은 두지도 못한다. 왜냐하면 한 명씩 더 얻을 때마다 남편은 엄청나게 힘든 시련을 겪기 때문이다.

결국 부인이 자신을 갖추지 않으면 절대 남편의 마음을 돌려 집으로 다시 들어오게 할 수 없다. 어디에서도 풀리지 않아 남편이 다시 들어왔을 때 해결할 수 있도록 부인은 자신의 모자람을 갖추어 내조를 할 수 있을 때 정확히 자신의 자리가 보존된다. 그렇지 않으면 부인은 피눈물을 흘려야 하는 것이 대자연의 근본이자 이치이다.

그러니 이제는 그런 것들을 가지고 남편을 들볶으면 안 된다. 물론 들볶고 싶으면 들볶아도 된다. 하지만 그것은 자멸의 길이다. 이 말을 듣고도 남편을 들볶으면 나중에 부인은 엄청나게 괴로움을 겪고 고생을 뼈 빠지게 하면서 결국 후회를 하게 된다.

이때까지 바람피우는 줄 알고 착각했던 그 자체를 머릿속에서 다 지워라. 남편이 바람피운다는 생각을 하지 말고 '저 사람은 자기가 살기 위해 목숨 걸고 신바람을 찾아 나선다'고 생각하라.

그러니 이제 질투를 해서도 안 된다. 질투가 고생을 낳으니 질투를 해봐야 그때부터 고생이 시작될 뿐, 이익될 것은 하나도 없음을 알라.

지금 너의 마음에 어려움이 왔다면 틀림없이 네가 잘못한 것이 있음이다. 너의 잘못이 없고는 절대 너의 가슴이 아프지 않다. 이것이 정확한 대자연의 원리이다. 그러니 네가 그 답을 모르면 찾으려고 노력해야만 한다. 그 답을 풀지 않고는 이 게임이 끝나지 않는다.

그러면 중급 내조는 따로 있느냐? 없다. 네가 중급 부인이라면 중급 부인다워야 한다. 중급도 공인으로, 울면서 허리띠 조르고, 때로는 굶으면서 어렵게 사는 모든 백성들의 피와 땀이 모여 너는 공부를 할 수 있었고 성장할 수 있었다.

그렇게 백성들의 피와 땀을 먹었다면 백성들을 위하는 생각과 마음으로 모든 일을 처리해야만 어려움이 오지 않는다.

중급 부인들도 그러한 기운을 가지고 있는 자들로 전부 다 공주이고 마님이다. 하지만 그런 사람들이 자신을 갖추지 않을 때에는, 더이상 공주도 아니요 마님도 아니다. 그러니 공부를 하지 않고 자신을 다시 갖추지 않으면 서러운 삶은 끝이 나지 않고 네 가정 또한 절대 지킬 수 없게 된다.

이제는 여인들도 갖추어야 한다. 여기서 말하는 갖춤이란 무엇이냐? 스스로 공인임을 알고 자신의 삶 자체를 백성을 위해 살고, 백성을 먼저 생각하는 것이다. 이것이 중급의 삶이자 본분으로, 그 본분대로 살아야 어려움이 오지 않으며 그렇게 해야 대자연에서 기운을 준다. 그러면 그때 지혜가 스스로 나와 무엇이든 해결할 수 있게 된다.

특수하게 배우지 않아도 네가 아닌 상대를 생각할 때, 상대에게 맞는 아이템이 나오고 답도 나온다. 네 가정만을 위하는 생각을 하면 네 앞에 온 백성의 근기가 보이지 않고 지혜도 나오지 않는다. 그러니 내 가정만 잘살겠다는 그런 생각은 버려야 한다. 특히 젊어서부터 다른 사람보다 감이 빠르고, 재주가 있고, 조금이라도 남과 다르다는 느낌이 있는 사람이라면 너의 삶은 너를 필요로 하여 오는 사람들을 위해 그 기운을 쓰면서 살려고 노력해야만 한다.

그러면 너에게는 정확히 어려움이 없어지고, 너의 것은 스스로 만들어지고, 너의 삶은 기름지게 되고, 너에게 온 사람들이 너를 존경하게 되어 너는 일생을 거룩하게 살고 스스로 열반에 들게 된다.

하급 부인의 내조

이제 하급의 내조를 풀어 보자.

하급 내조를 풀어 보면 정말 실감날 것이다. 여기서 '하급'이라고 하면 상층 중에서 하급을 말한다.

하급 부인 역시 내조를 해야 하며 그 방법은 똑같다. 내조는 대화만 통하면 스스로 되는 것이므로 서로가 맞니, 안 맞니를 따지지 마라.

그러면 이들의 생활은 어떠한가? 천지도 모르고 그저 돈만 벌어 잘살려고만 한다. 그래서 돈 벌러 나갔으니 정확히 자신의 사주만큼 인연된 자들이 올 때까지는 일어선다. 특급 회장이나 중급의 사장만큼은 아니지만 조금은 일어선다. 그러니 천지도 모르고 깨춤 추며 제 잘난 줄 알고 굉장히 빼긴다. 그러다 보니 안하무인이 되는 것이다.

그러나 그렇게 잘 굴러가는 것도 어느 정도가 되면 딱 멈추게 된다. 이 또한 지적인 것을 요하게 될 때 멈추게 되어 상급, 중급과 마찬가지로 그 문제를 안고 집으로 들어온다. 그러나 역시 집에서도 대화가 통하지 않으니 밖으로 나간다.

그러나 하급은 바람 한 번 피웠다 하면 집안에 망조가 든다. 한 번의 싸움으로 괜찮아지는 것이 아니다. 가정이 깨지게 된다. 상급이나 중급은 그래도 길게 간다. 헤어지더라도 한 50대 이상까지 가기도 하고 헤어지지 않고 끝까지 설움을 끌어안고 살기도 한다. 왜냐하면 상급이나 중급 부인들은 그래도 자존심은 있어서 자식 생각도 깊이 하고 헤어지게 되면 사회 경험도 부족하여 살 길이 막막하니 잘 헤어지지 않는다. 특히 상급은 남자가 아무리 바람을 피워도 자기가 쓸 것은 풍부하게 있기 때문에 절대 밖으로 나가는 법이 없다. 그런데 하급은 다르다. 남자가 잘난 척하고 밖에 나가서 조금 엉뚱한 짓을 하면 바로 망해버린다. 완전히 망한다. 왜? 하급은 쟁이, 재주꾼이기 때문이다. 상급과 중급은 엘리트로, 재주꾼이 아닌 배움을 가진 사람들이지만 하급은 대부분 '쟁이'이다. 재주꾼은 한 가지 특출한 재주를 가지고 있다. 아이템이라든지 기술을 개발한다든지 하는 재주꾼이다. 그래서 이들이 사업을 하더라도 재주꾼이 사업을 한 것이지, 사업가라서 사업을 한 것이 아니다. 그들은 윗사람에게 그 재주를 올려서 잘 쓰면 되는데, 대부분 이것을 가지고 사업을 해보면 큰돈을 벌 수 있을 것이라고 생각하여 사업을 하게 되는 것이다. 그러면 처음에는 잘되는 것 같이 보이지만 결국에는 삐거덕거리게 된다. 그래서 뭐가 잘 안 되기 시작하면 그 고민을 안고 집으로 들어온다. 그런데 집에서도 답이 없으니 하급 남편은 부인에게 화를 내다가 밖에 나가 술도 퍼마시고 하면서 슬슬 집안에 망조가 들기 시작한다. 이럴 때에는 경제가 없다 보니 바람피워 여자를 만날 수도 없다.

재주꾼이 사업을 하면 100% 망한다. 중간에 결산을 해서 모은 돈으로 또 뭔가를 준비하면 괜찮으나 재주꾼이 큰돈을 벌기 위해 사업을 계속하면 정확히 내려간다. 재주꾼이 버는 데에는 한계가 있고, 또 망할 때에는 아예 쫄딱 망한다. 그래서 망하고 나면 경제 문제로 부인과 싸우게 되고 어영부영하다가 정확하게 남편은 집안에 들어앉게 된다. 즉, 실패한 사람은 안에 들어앉아야 한다.

이들은 그래도 공장에서 막일하던 사람들이 아니기 때문에 정신이 바로 돌아올 때까지 들어앉아도 생활을 할 수 있는 약간의 경제가 있다. 그러나 다시 사업을 시작해 볼 엄두를 내지는 못한다. 왜냐하면 쟁이기에 사업가들처럼 그렇게 능수능란하지 못하기 때문이다. 재주꾼은 머리가 아무리 좋더라도 사업가 기질은 없다.

그렇게 들어앉으면 남편은 슬슬 약해지고 어려움을 해결하기 위해 부인이 뭔가를 벌어 와야 된다. 이때 부인도 저절로 돈을 벌기 위해 나가야 되겠다는 생각이 들어 가게를 차리거나 회사에 나가는 등 일을 하게 된다. 이들은 상층에서 하급이기에 고등교육도 받고 배워놓은 재주도 있다. 끼리끼리 만나니 부인도 그런 쟁이 기질이 있어 음식 재주가 있다든지 애교도 떨 수 있다든지 여러 가지 자기 품성을 가지고 있다. 하다못해 남 앞에 예쁘게 보이면서 밖에서 서빙을 할 수도 있다. 그렇게라도 할 수 있는 사람이 상층 중에 하급이다. 서비스업을 해도 밖에서 손님과 직접 접할 수 있는 자는 그만한 미모와 기운을 기본적으로 가지고 있는 자이다. 이들은 그동안 집안에서 이 재주들을 썩히고 있었던 것이다. 그래서 일을 나가도 그런 일을 하러 나간다.

이때 일을 하러 나가면 집안에서 딱 갇혀 있을 때보다 인기가 좋다. 남편이 부인을 무시해서 그렇지, 밖에 나가면 사람들은 아직 껍데기만 보고 속을 잘 모르니 전부 다 좋아한다. 집에서는 늘 찡그린 남편의 인상만 보다가 밖으로 나갈 때쯤 되면 굉장히 정이 그리워질 때인데, 마침 동료들이 잘해주고 손님도 잘해주니까 부인은 이제 집안에서 보내는 시간이 조금씩 줄어들면서 자꾸 밖이 좋아지고 신나서 밖에서 시간을 더 많이 보내게 된다. 또 시간이 지나 사람들과 더 친해져 허물도 없어지고, 여기저기에서 식사도 대접하려고 하고, 거래처 일 관계로 손도 뺄 수 없으니 부인은 이제 갈수록 집에 있는 것이 더욱 더 갑갑하게 느껴지는 것이다.

그러나 반대로 남편은 부인이 자꾸 늦게 들어오고 자식도 어느 정도 커서 각자 자기 할 일만 하고 집에 있는 아버지와 대화하는 것도 피하게 되니 이제부터 '내가 이게 뭔가' 하는 생각이 슬슬 발동하게 된다. 자기가 실패한 것은 생각하지도 않고서. 이때부터 한 마디씩 오고 가면서 남편과 부인은 점점 다툼이 생기기 시작한다.

남자는 망하면 집으로 들어오지만 여자는 남자가 투덜거리고 화를 내면 집을 나가버린다. 아예 안 들어온다. 왜? 이때까지 남편 보기 싫은 꼴 다 보았고 밖에 나가 보니 인기도 많고 이제 밖에서 살 수 있는 길이 다 열려 있으니 부인은 더 이상 여기서는 못 살겠다는 것을 확인했기 때문이다. 남자는 이런 깊이를 모르고 소탐대실했던 것이다.

그러면 집 나간 여자는 또 어떻게 되느냐? 새로운 사람을 만나게 되고 그 사람이 잘해주니 남편보다 좀 나은가 싶어 정신을 팔게 된다. 하지만 지금 남편도 처음 만날 때에는 분명히 잘해주었다. 여자는 지금 이것을 잊어버렸다. 그리고 새로운 그 남자 역시 정이 그립고 고파서 여자에게 잘해준 것인데 여자는 자기를 진심으로 좋아해서 정을 주는 줄 알고 꼬임을 당한 것이다. 그런데 조금 있어 보면 본색이 드러난다. 정확하게 남편에게서 겪었듯이 다 드러난다. 오히려 새 남자는 남편보다 더 지독하다. 똥 무서워 피하면 정확하게 된 똥 만나듯 바로 그 꼴이 난다. 시간 지나서 다 당하고 나면 '그래도 애 아빠가 나았는데…' 하는 생각이 든다. 새 남자도 마찬가지이다. 새 남자도 헤어져서 다른 여자를 만났지만 시간 지나면 전 부인 생각이 정확하게 다시 나게 된다.

네가 가슴이 아플 때는 그 아픔을 정확히 너 스스로 풀어야만 한다. 그래서 무엇이 잘못인지 정확하게 알고 고쳐서 다시는 아프지 않도록 노력해야 한다. 그렇지 않고 너 혼자 잘살려고 도망가 행복을 누릴 것이라는 생각은 애초에 버려야 한다. 절대 그런 법은 없다.

진정한 내조는 서로 말이 통해야 한다.

결혼을 하면 남자가 밖에서 일을 하는 동안에 여자에게는 정확하게 3년간의 시간이 주어진다. 그래서 여자에게는 안에서의 시간이 많다. 그렇게 긴 시간이 주어진 이유가 무엇인지 알아야 한다. 대자연은 놀다 가게 하려고 우리를 이 3차원에 보내지 않았다.

남자가 열심히 하려고 노력을 하는 동안 여자가 놀았다면? '내 갖춤'을 갖추지 못했으므로 그 결과는 정확하게 여자에게 아픔으로 돌아온다. 그런데 지금은 갖추라는 것이 신부수업이라며 밥 잘하고 된장찌개 잘 끓이고 빨래 잘하고 남편 속옷 잘 챙겨주는 이런 것들만 가르치고 있다. 이렇게 해서 시집을 보내면 지금 세상에서는 정확하게 이혼한다.

예전에는 그렇지 않았다. 여자들을 못 배우게 했고, 밖에서는 누구와 말도 못하게 했고, 안에서도 입을 틀어막았다. 그렇게 해서 여자 스스로 '내가 나가서 뭘 할 수 있겠나?' 하는 생각이 들도록 바보로 만들었다. 또 나가봐야 할 짓도 없고 딱 굶어 죽게 생겼으니까 어차피 빌붙어 살 수밖에 없게 만들어 여자들이 온갖 설움을 다 겪으며 살도록 했다.

하지만 지금은 방목시대이다. 모든 것이 오픈되어 있다. 그래서 나가지 못하게 밖에서 문을 걸어 잠그려면 텔레비전까지 다 꺼내 와야 된다. 텔레비전이 있으면 그 안이 곧 바깥과 다름이 없다. 텔레비전을 틀면 세상의 모든 정보가 다 나온다. 정보의 홍수가 된 시대, 알 걸 다 아는 세상이기 때문에 그렇게 가두어 살게 할 수가 없다. 안에서 세상을 다 보고 있는데 그런 걸 참고 견딘다? 절대 안 된다. 그래서 지금 이혼율이 높은 것이다.

이제 우리는 바로 알아야 한다. 말이 통하지 않고 의견이 통하지 않으면 정확하게 헤어진다.

결혼을 하면 3년 동안 내조 공부를 해야 한다. 처녀시절 집에서 이런 공부를 못했다면 3년 동안 공부를 해야 한다. 대자연은 정확하게 3년간 서로에게 기회를 준다. 이 동안은 남자가 여자에게 욕하거나, 화내며 들어오거나, 바람피우러 나가지 않는다. 그런데 여자가 주어진 시간이 많다고 쇼핑 다니고 놀러 다니는 데에 시간을 보냈다면 딱 그렇게 한 만큼 눈물을 흘려야 된다.

여자들은 내조 공부를 해야 한다. 그래야만 상층의 부인이 될 수 있는 자격을 갖는다. 부인이 내조를 바르게 하면 남자는 승승장구하게 되어 있고 절대 실패가 없다. 부인은 대화를 충실히 할 수 있는 '나'를 갖추어야 한다. 대화만 충실히 하면 절대 잘못되지 않는다.

그런데 부인이 모른 체하거나 남의 일처럼 관심 밖에 둔다면 집안은 금이 가고 무조건 어려워지거나 망하게 된다.

부인은 남편뿐만 아니라 자식이나 형제들과 동서들 즉, 주위의 모든 사람들과도 조금씩 대화를 해나가야 한다. 만약 예전에 어렵게 만들어 놓은 일이 있다면 자존심을 죽이고 대화로 물꼬를 트려고 노력을 해야 한다. 우리 민족, 특히 상층은 전부 다 잘났기에 내가 잘났다고만 하고 있으면 다 막히게 된다. 자기 무덤을 자기 스스로 파는 것이다. 나보다는 상대 마음을 먼저 보고 자신을 조금 낮추어 상대에게 들어가면 정확하게 상대는 낮추게 된다. 그런데 상대가 들어오기도 전에 먼저 '나 잘났다'고 머리를 쳐들면 상대도 머리를 바짝 쳐들어 큰일 난다. 전부 독사(毒蛇)가 된다.

우리 국가가 지금 크게 일어서지 못하는 이유가 바로 올바른 내조가 없었기 때문이다.
이 사람에게 공부하는 여러분은 이것을 잘 알고 공부하여 앞으로 이런 일들이 일어나지 않도록 해야 할 것이다.

민족이여 깨어나라

PART THREE
여성은 아름다워

11 * 하느님에게 올리는 축원

問

우리가 교회나 절에서
집안 안녕이나 사업 번창 혹은 무병장수를 위해서 축원을 올립니다.
그런데 어떤 이는 그대로 이루어지고, 어떤 이는 이루어지지 않습니다.
그 이유가 무엇입니까?

答

네가 평소에 하는 말이 무엇인지 잘 둘러보라.

사람은 입으로 무슨 말을 하느냐에 따라 이 세상의 기운을 얼마나 잘 쓸 수 있느냐가 결정된다. 즉, 내 입으로 누구와 어떤 말을 하느냐에 따라 내 스스로 이 대자연의 기운을 그만큼 쓸 수 있게 된다는 말이다. 이것은 굉장히 무서운 소리이다.

평소에 네가 주위 사람과 무슨 말을 하고 있느냐가 지금 대자연에 축원을 올리고 있음이니라.

보통 우리가 모르고 사람들을 대할 때 함부로 대하고, 욕하고, 헐뜯고, 싸우고 난 후 교회나 성당에 가서 손을 싹싹 닦고, 가슴에 손을 대고, 손바닥을 비비고, 성수를 찍는데 그런다고 그 성수로 네 몸을 성스럽게 만들 수 있느냐? 없다. 절간에 가서 부처님이라고 거기에다 머리를 숙이고 깨끗한 척 하지만 그런다고 깨끗하게 되는 것이 아니다. 또 옥수를 떠놓고 하늘에 빈다고 비는 대로 되는 것도 아니다.

평소에 네 앞의 사람에게 한 행동이 벌써 축원으로 올라가 버렸는데 이것을 모르고 그냥 하느님 앞에서 눈 가리고 아웅하려고 하니 어찌 되겠느냐?

우리는 지금 종교나 특정한 곳에 가서 "집안 잘 풀리게 해주십시오" 하고 비는 것이 기도이고 축원인 줄 착각하고 있다. 그러나 너의 축원은 네가 평소에 하고 있다.

만약 네가 남을 탓하고 헐뜯었다면 남을 탓한 것이 너의 축원이요, 남을 헐뜯은 것이 너의 축원이다. 이런 것들을 평소에 축원으로 이미 다 해놓고, 다른 자리에 가서 손을 싹 닦고 안 한 것처럼 하고 있다. 그런다고 신이 속느냐? 절대 안 속는다. 내가 평소에 하는 행동이 대자연에 올리는 축원임을 우리는 이제 알아야 한다. 그래서 공부를 해야 하는 것이다.

지금은 신을 섬기면서 빈다고 잘되게 해주는 시대가 아니다. 즉, 앞으로는 정법시대이지, 사도가 판을 치는 시대가 아니라는 것이다. 그래서 한 뜸이라도 바르게 가고자 노력을 한다면 누구든지 보살핌을 받게 된다. 그러나 지금 어려운데도 남을 헐뜯고 남에게 핑계를 대고 있다면 너는 조금 더 어려워질 것이고, 그래도 모르고 또 핑계를 대면 굉장히 어려워지게 된다. 그렇게 되면 누구한테 찾아가 이런 가르침을 받는 길밖에 없다.

    기복시대는 지났다. 앞으로 다가오는 일들을 잘 보아라. 조상천도한다고 이름 올려놓고 오고, 돼지 대가리 놓고 푸닥거리를 하고, 교회에다가 뭐를 했다 하는 그 집에 무슨 일이 일어나는지 100일만 딱 보아라. 분명히 한 대 맞는다. 자꾸 맞아 좋아할 사람 없겠지? 처음에는 아무것도 모르고 맞아 긴가민가할지는 모르겠지만 자꾸 맞으면 알게 된다.
    이제 앞으로는 그런 짓거리를 하면 할수록 어려워진다는 사실을 알아라.

    나에게 준 것은 내가 잘 쓰고, 한 뜸이라도 내 앞에 온 인연에게 바르게 행하고, 모자라는 것이 있다면 배우러 가는 데에 경비로 써야지, 그것을 어디 종교에 주고 빌면 나에게

도움이 될까하는 사람은 한 대 맞는다. 그것이 정법시대이다. 앞으로 묘한 일이 많이 벌어질 것이다.

　그리고 지금은 종교 뿐만 아니라 어려운 사람에게도 도와준다는 명분으로 돈을 준다. 그러나 이 역시 잘못된 것이다. 네가 어려운 사람에게 찾아간다면 비용을 들여서 가는 것이다. 거기에 얼마를 주고 온다면 네가 그곳에 가서 그들을 보며 공부하는 것이니 그들에게 공부 비용을 주는 것이다. 그래서 너는 뭔가를 조금은 배우고 와야 포상을 받지, 안 그러면 혼난다. 그러니까 이제 도와주었다는 생각을 하면 안 되고 네가 그런 데에 가서 뭔가를 살피고 깨우치는 것이 있어야 한다. 이렇게 해야만 대자연이 네가 살아나갈 길을 틔워준다.

　그러면 너에게 준 비용을 어떻게 쓰면 잘 쓰는 것인지 이 사람이 아주 짧게 비유하여 가르쳐 주겠다.

　예를 들어, 하느님이 너에게 돈 100만원을 주었다. 그런데 무엇을 하라고 주었겠느냐? 하느님이 100만원을 줄 때에는 다 용도가 있는데 그 용도에 따라서 잘 쓰면 하느님이 좋아한다. 그러니 지금 너희가 "하느님을 믿습니다. 믿습니다" 하며 막 "주여! 임하소서. 저에게 임하소서" 하는데 네가 아무리 그렇게 해도 너에게 임할 일 없고, 구태여 임하라고 안 해도 주님을 믿지 않아도 하느님이 너에게 시킨 것을 잘하면 너와 늘 함께 하신다. 그것이 하느님이다. 이제는 하느님을 똑바로 알아야 한다. 믿으니까 천당 데리고 가는 하느님이 아니다. 네가 천하없이 믿어도 소용없다.

그러면 100만원을 주었는데 그 100만원을 가지고 무엇을 해야 했느냐? 그 이유를 알아본 즉, 사람을 하나 보내 줄 테니 그 힘으로 그 사람을 바르게 이끌어 주라는 말이다. 그러면 하느님이 돈을 어떻게 주느냐? 사람을 하나 이끌 수 있는 값어치에 해당하는 100만원의 힘부터 먼저 주고 그다음에 사람을 보낸다. 하느님은 야비하게 사람 먼저 보내 놓고 100만원을 주는 것이 아니라 100만원을 먼저 주고 사람을 보낸다.

그런데 너에게 사람을 하나 보내니까 네가 이 힘을 가지고 그 사람을 잘 이끌었다? 하느님이 흡족해 하신다. 그러면 어떻게 되느냐? 10명을 이끌 수 있는 힘을 너에게 준다. 그리고 사람을 또 10명 보내는 것이다. 이것이 대자연의 정확한 원리법이고 하느님의 운용법이다. 그렇게 10명을 이끌 수 있는 힘을 먼저 주고 10명을 보내니까 네가 또 그 10명을 잘 이끌었다? 하느님이 보시기에 또 좋았던 것이다. 그러니 그다음에 어떻게 하느냐? 너에게 100명을 이끌 수 있는 힘을 준다. 그리고 사람을 또 100명을 보낸다.

신용도라는 것이 이렇게 해서 올라가는 것이다. 이것을 배가수(倍加數)라고 한다. 자연법의 배가수! 이 배가수는 2배, 3배가 아니라 공수(0수) 배가수이다. 그래서 바르게 행했을 때 정확하게 10배씩 뛰어 올라간다. 그러면 100명을 보내주었던 것이 그다음에는 1,000명이 되고 1,000명이 또 10,000명이 된다. 이 힘은 금방 어마어마한 힘으로 변한다. 그런 식으로 하느님이 주신다.

그런데 근기가 약하고, 배우지 못하고, 믿음이 덜한 자는 어떻게 하느냐? 하느님이 100만원을 딱 주고 사람을 하나 보내니 그 앞에 온 사람에게 다 써 버리면 돈 100만원이 없어질 것이라고 생각하여 욕심을 딱 내어 그 돈을 옆으로 싹 꼬불치고는 그 사람을 제멋대로 하게 놔두고 자기는 모른 척 한다. 그러면 하느님이 딱 쳐다보고 뭐라고 하겠느냐? 괘씸하니까 벌할 것 같지? 벌하지는 않는다. 하느님은 미워도 안 하고 벌하지도 않고 아무 말도 안 한다. 대신 그에게 두 번 다시 일을 주지 않는다. 그래서 하느님은 성냄이 없다고 하는 것이다. 원래 자연법에는 성냄이 없다.

또 다른 경우, 앞의 사람보다는 조금 근기가 나은 사람이 하느님이 주신 힘으로 한 사람을 잘 이끌었다. 그래서 하느님이 그다음에 10명을 또 보냈다. 그런데 10명을 이끌 수 있는 힘이면 제법 크니까 조금 빼돌렸다. 그러면 어떻게 되겠느냐? 하느님이 또 이것을 딱 보고는 그에게도 일을 더 이상 주지 않는다. 그래서 10명을 이끌 수 있는 이 돈을 비록 꼬불쳤지만 별로 오래 쓰지도 못하고 다시 원래대로 돌아간다. 그런 마음을 가진 사람은 돈 쓰는 것도 올바르게 쓸 수가 없다. 그러니 돈도 나가고, 두 번 다시 일도 주지 않으니 어떻게 되느냐? 할 일이 없다. 고로 당연히 궁핍해진다. 즉, 할 일이 없는 자에게 일하라고 연장 줄 필요도 없으니 어려워지는 것이다. 일을 바르게 하는 자가 어려워지는 법은 절대 없다. 이것이 대자연의 정법이다. 바르게 하지 않으니 어려워진 것인데 바르게 하는 것이 무엇인지 찾지도 않고 "다시 저에게 기회를 주신다면…." 이런 말이나 하고 있다. 다시 기회를 주면 네가 어떻게 하겠다는 말이냐?

바른 것을 아느냐? 바른 것도 모르는데 어찌 다시 기회만 달라고 하느냐? 또 어떤 기회? 그런 사람은 다른 부류로 살아야 된다. 하느님의 일꾼으로서가 아니다. 만날 사자(使者) 짓이나 하고 남 뒤통수나 치고 욕이나 얻어먹으며, '세상에 이런 일이 잘못된 것이다'라고 세상 사람들을 깨우치게 하기 위해서 교과서로 사는 부류가 되어 버리는 것이다. 그래서 그때부터 파란만장한 삶을 살게 된다.

일이 없으면 세상 사는 재미가 없다. 그래서 **할 일이 없는 자는 외로워지고 힘들어진다.** 우리는 이 세상에 할 일을 하러 왔지 놀러온 것이 아니다. **중요한 것은 오래 사는 것이 아니라 우리에게 할 일이 있느냐, 또 얼마나 지적인 일을 할 수 있느냐, 그 일을 나에게 주느냐, 내가 그 할 일을 할 수 있느냐이다.** 150살까지 사는 것이 마냥 좋은 것이 아니라는 말이다. 할 일 없이 오래 살면 낭패이다. 할 일이 있고 오래 살 수 있다면 그것만큼 축복인 것이 없고, 할 일이 없이 오래 산다면 그것만큼 불행한 것이 없다. 그래서 나의 질량에 맞게 내 할 일을 찾아 거기에 모자라면 갖추어서 세상에 필요한 사람이 될 때, 나는 값어치 있는 사람이 되고, 사는 존재감이 있고, 그것으로 내

업을 소멸하는 것이다. 그래서 자신의 질량이 크다고 좋아만 할 것이 아니라 질량이 큰 것을 바르게 따져보면 '죄가 많다, 업을 크게 갚으러 왔다'는 것을 말하니 그런 사람은 질량이 큰일을 하지 못하면 죄를 한 푼도 사하지 못하게 됨을 알아야 한다.

이제는 하느님을 바로 알아야 한다. 무조건 종교적으로 하느님이라 하니까 "우리 하느님, 너희 하느님" 이럴 것이 아니라 하느님이라고 안 불러도 좋으니 대자연의 운용법은 알아야 한다. 이 사람이 강의할 때 대자연이 하느님이라고 가르쳐 주지 않았더냐? 대자연 즉, 하느님과 나는 둘이 아니고 하나이며, 항상 같이 하고 있음을 알고, 어디에 가서 무릎 꿇고 가식으로 축원하지 말고 이 사람이 가르친 대로 평소 생활 속에서 공부를 하라. 그러면 너에게 일이 닥쳐올 때 정확하게 공부한 만큼 행하게 되고, 갖춘 만큼 풀어 나갈 것이다. 즉, 네가 갖추지 못했다면 성을 낼 것이고 바르게 갖추었다면 노력할 것이다. 그렇게 자신을 다듬고 노력하는 자에게 하느님은 노력한 만큼의 복을 주고 기운을 준다는 것을 명심하여라.

이제 축원이 무엇인지 알겠느냐?

12* 칭찬과 아부

問

사람들은 칭찬을 아끼지 말라고 하는데 한편으로 칭찬이 너무 지나치면 아부가 된다고 하고 또 아부는 본능이라고도 합니다. 물론 칭찬을 들어서 싫어하는 사람이 없고 아부를 할 줄 모르면 성공할 수 없다고 합니다. 그렇다면 칭찬을 어디까지 해야 하는지, 그리고 아부를 어떻게 보아야 하는지 알려 주시기 바랍니다.

答

칭찬했다면 칭찬한 질량의 30%만큼
상대가 고쳐야 될 점도 지적하라.

'아부를 한다'고 하는데, 아부도 살아가는 하나의 방편이
다. 그러니 아부하는 사람을 미워해서는 안 된다. 그 사람은 아
부 이외에 다른 것을 무기로 가지고 있지 않다. 전부 각자의 재
주가 다른 것이다. 그래서 아부하는 사람은 아부를 잘할 뿐,
다른 것은 잘하지 못한다.

재주가 있는 사람은 자신이 가진 재주로 상대에게 가깝게 다
가갈 수 있다. 아부도 재주이다. 그것도 엄청나게 큰 재주이다.
그런데 아부를 못하는 사람이 "저 사람은 아부한다"며 뒤에서
수군거린다. 수군거리지 말고 너도 잘 하지 그러냐? 하지만 너

는 잘할 수가 없다. 너에게는 아부하는 재주를 주지 않았기 때문이다. 그러니 죽어도 못하는 것이다.

남이 가지고 있는 재주를 탐하지 마라. 네 것을 찾아서 잘 쓰면 남이 가지고 있는 것보다 더욱 크게 질적으로 우수하게 쓸 수 있다. 그런데 그것은 놔두고 **남의 것만 자꾸 탐하고 탓하고 있으면 너의 것이 발견되지 않는다.**

이제 아부를 한다고 생각하지 말고 그 자의 재주로 보아라. 상대의 근기에 맞추어 재주를 부릴 자가 부렸으니 크게 이득을 보는 것은 당연하다. 그런데 **아부도 아부하는 것을 딱 싫어하는 사람에게 아부를 부렸다가는 완전히 실패한다.** 그것도 조건이 맞아 떨어져야 하는 것이다. 그래서 아부를 좋아하는 자가 지도자가 되었을 때에는 아부를 하는 사람이 득을 보는 것이고, 또 아부를 싫어하는 사람이 지도자가 되었을 때는 아부를 떨다 좌천되기도 하는 것이다.

그래서 시대에 따라서 무엇이든 방편으로 쓰는 것은 잘못이 아니다. 이것을 바르게 분별할 때 우리는 남을 미워하지 않게 된다. 그러니 자신의 재주는 마음껏 쓸수록 좋고, 상대에게 잘 보여 뭔가 잘 풀어 나가기 위해 자신이 가진 재주를 쓰는 것이지 안 풀리려고 재주를 쓰는 사람은 없으니 무엇을 갖다 대든 잘 풀어서 용이하게 쓰면 된다. 우리가 이런 것을 모르고 잣대를 잘못 갖다 대면 자기는 못하면서 남의 재주만을 탐내다 항상 어렵게 살게 된다. 그래서 남을 흉보면 내가 어려워진다.

그리고 칭찬은 많이 하면 할수록 좋다. 왜 그러냐? 칭찬을 하고 나서 그 뒤에 시너지를 얻기 위해서이다. 상대에게 뭐라고 지적해야 할 말이 있는데 그냥 뭐라고 하면 상대가 안 듣고 거부반응을 일으킨다. 그러니 상대의 좋은 점을 먼저 칭찬해 주어야 한다. 즉, 지적할 것이 있다 하여 무턱대고 그것부터 지적하지 말고 먼저 칭찬하고 칭찬한 질량의 30%만큼 상대가 고쳐야 될 점을 지적하라는 것이다. 그러면 소화가 딱 된다. 이때 지적이 30%에서 40%로 넘어갔다? 그러면 거부반응이 일어난다. 50%가 넘어가면 더 심하게 거부반응이 일어난다.

상대를 존중해주지 않고 지적하는 것은 상대에게 독약을 퍼붓는 것과 같다. 그래서 그것이 나에게 다시 돌아와 내가 얻어맞게 된다. 상대를 존중하고 상대의 좋은 점도 잘 만져서 그것부터 해놓고 내가 지적해 줄 일은 그다음에 하라. 이렇게만 하면 상대와 교류하는 데에 무리가 없다. 기왕이면 30%보다 작을수록 좋다. 왜냐하면 본인 생각에 칭찬을 100%만큼 한 것 같아도 100%를 안 했을 경우가 많기 때문이다. 그러니 내가 생각하기에 칭찬을 100% 정도를 했다고 생각되면 거기에서 10~20%만큼 상대에게 충고를 해야 한다. 그러면 싹 소화가 되어 일이 잘 풀린다.

그리고 '칭찬을 많이 하면 건방지게 된다'라고 하는데 맞다. 건방지게 된다. 그래서 칭찬을 칭찬으로 끝내면 안 된다는 것이다. 상대방을 칭찬했다면 반드시 상대의 문제점도 조금은 지적을 해야 한다. 그래야 조화가 맞다.

이 사람이 여러분에게 잘 해줄 때에는 조금 있으면 한 대 들어온다고 생각하면 된다. 지금까지 그러지 않았더냐? 잘못을 할 때에도 먼저 잘 해주고 지적을 하니 거부반응이 하나도 없는 것이다. 그렇게 지적을 달게 받아 스스로 약으로 쓰는 것이다. 그렇게 해서 또 병도 고치는 것이다.

병이 다른 것이 아니라 우리의 잘못된 버릇이다. 그 잘못된 버릇이 병을 만드는 것이니 그것부터 치료해야 한다. 그러면 다른 병도 저절로 다 낫는다. 그런데 지금 나의 잘못된 습관이 내

병을 만들고 있는 것을 모르고 있다. 잘못된 것이 있다면 그것을 빨리 고쳐야만 나의 어려움, 아픔, 병 등 좋지 않은 모든 것이 치료가 된다.

   결론을 말하면, 무조건 칭찬만 많이 하면 상대가 시건방지게 되어 위로 기어올라 타려고 하니 어느 정도 칭찬을 했다면 조그만 잘못도 같이 지적을 해주어라. 그래야 정확하게 제자리로 딱 돌아온다.

13* 삼재와 수확

問

지금 제가 하는 일이 많이 어렵습니다.
그래서 주위에서 말하기를
"삼재라 그러니 지나고 나면 괜찮다"고 합니다.
정말 삼재가 되면 어려운 것인지요?

答

삼재는 공부해야 되는 시기이다.

우리가 인생을 살면서 노력한 것이 있다면 거두어들일 때가 있다. 그때가 수확기이다. 그 수확기의 반대가 무엇이냐? 삼재이다. 그러니까 수확과 삼재의 한 바퀴를 도는 것이 12년인데, 수확을 하고 나면 한 바퀴를 돌아서 다시 12년이 지나야 수확을 하게 된다는 말이다. 좀 더 자세히 말하면, 수확기 3년, 퐁당 삼재로 내려가는 3년, 퐁당 삼재에 빠져 있는 3년, 파종기 3년. 그 12년을 한 주기라 하며, 한 주기는 뫼 산(山, ⛰)자의 모양을 하고 있다. 그래서 최고 정점 즉, 수확기의 꼭대기에서부터 내려와 퐁당 삼재의 가장 밑으로 갈 때까지 6년이 걸리고 거기에서 다시 위로 올라갈 때까지 6년이 걸린다. 이 제일 가운데에 빠진 3년을 풍당 삼재라 하며 그 3년을 다시 나누면, 내려가는 데에 1년, 가운데 제일 깊게 빠진 풍당 자리에 1년, 다시 올라가는 데에 1년, 이렇게 해서 3년이 되는 것이다.

 이러한 삼재는 어떤 때인가? 공부하는 시기이다. 나를 최고로 담금질하여 내가 일구어 나가야 할 밭 즉, 땅의 힘을 돋울 때이다. 그래서 삼재 때 공부를 하지 않고 수확을 하려고 하면 얻어맞는 것이다. 다시 말해, 공부의 시기가 되었음에도 학생이 공부를 하지 않고 엉뚱한 짓을 하고 있으니 얻어맞는다는 말이다. 이것을 두고 흔히 '삼재팔난을 당한다'고 하는 것이다. 그러기에 삼재 때 공부를 하지 않으면 당연히 어려워진다.

 그러면 수확 시기에는 어떻게 해야 하느냐? 수확에도 여러 종류의 수확이 있다. 파종기에 네가 뿌려놓은 것이 경제라면 경제를 수확할 것이고, 도(道)를 심었다면 도를 수확할 것이고, 사상을 심었다면 사상을 수확할 것이고, 우정을 심었다면 우정을 수확할 것이다. 무엇이든 수확은 하되, 지난 수확기 이후 네가 '무엇을 위해 열심히 노력했는가?' '무엇을 추구했는가?'에 따라 수확의 열매가 정해진다.

그런데 파종기 동안 다른 사람들과 사상을 논하는데 시간을 투자하고 노력을 하고 나서 수확기 때 돈을 수확하려 한다면 돈이 수확되겠느냐? 절대 안 된다. 파종기에 사상의 씨를 뿌렸다면 수확기 때는 정확하게 사상을 수확해야 하기에 아무리 돈을 수확하려 해도 돈이 들어오지 않는다. 이처럼 수확기가 되어 네가 노력하지 않은 것을 수확하려 하면 수확할 것이 아무것도 없다. 만약 누군가 돈을 벌기 위해 사람들과 대인 관계를 다지면서 사업에 시간을 투자하는 노력을 했다면, 그 사람은 수확기가 되어 돈을 번다. 그런데 뭔가 대화로써 시간을 많이 보낸 사람은 지금 자기 논리를 뿌려 사상을 만들기 위해 그 씨앗을 심고 있는 것이다. 이런 사람은 수확기에 돈을 벌려고 하면 수확할 것이 아무것도 없다. 반대로 사업을 하려고 열심히 노력하여 그 씨앗을 심고, 그에 대한 공부도 하고서 수확기에 사상을 수확하려 하면 이런 사람 역시 수확할 것은 아무것도 없다. 이런 원리를 몰라 지금 모두가 헤매고 있다.

지금 어려운 자들을 잘 살펴보라. 자신이 뿌려둔 씨앗과는 상관없는 것을 수확하려 하고 있다. 그러니 이제는 '파종기에 무엇을 심었으니 수확기에는 무엇을 수확해야 된다'라는 것을 확

실하게 알아야 한다. 그리고 난 후 자신이 수확할 것에 대한 준비를 해야 한다.

또한 퐁당 삼재 3년에서 벗어나면, 보통 삼재가 끝났다고 하지만 아니다. 이때부터 수확기로 가기 전 3년간이 파종기이다. 이 파종기에 인연을 보내준다. 그러면 이때의 인연들은 어떤 인연이냐? 파종기는 과거 보릿고개와도 같은 시기로, 아직 보리도 수확하지 못해 굶어 죽을 지경일 때이다. 그래서 이때는 모두가 보릿고개 사람들끼리 인연이 된다. 그러면 이때 만나는 인연들과 어떻게 해야 하겠느냐? 고락을 함께하고 서로가 서로를 위하며 뜻있는 삶을 살도록 노력해 가야 한다. 이 기간이 3년의 파종 시기다. 그 파종 기간에 너에게 오는 인연을 어떻게 받아들이느냐에 따라 네가 수확할 것이 결정된다.

그래서 파종기가 되면 정확하게 파종 비용을 준다. 퐁당 삼재가 끝나고 나면 약간의 경제가 들어오는데 이것이 바로 파종 비용으로, 이 비용으로 인연들을 대하는데 써야 한다.

그리고 퐁당 삼재로 들어가기 전에 또 조금의 경제가 들어온다. 이것은 삼재 기간 동안 공부하라고 주는 공부 비용이다. 그런데 이것을 모르고 우리는 돈이 들어온다 하여 '아이고 요새 어렵다고 하니 이제 조금 들어오네' 하고는 여기저기 써 버린다. 그러면 공부할 때 너는 이제 힘들어 죽는다. 택시 타고도 못 가고 버스 타고도 못 가고 뛰어가야 되는 꼴이 난다. 그리고 신발이 다 떨어졌어도 신발 하나도 살 수 없게 된다. 갈수록 더하게 된다. 공부는 해야 하고, 학교는 가야 하는데 돈을 다 써 버렸으니 도시락 사먹을 돈도 없이 굶으면서 공부를 해야 한다. 그래서 아주 힘들게 공부 시기를 보낸다. 이러한 대자연의 원리를 모르니 뼈 빠지게 고생하는 것이다.

그렇게 정신 없이 보내다 퐁당 삼재가 끝날 때쯤 되면 또 약간의 경제가 들어온다. 이것이 앞에서 언급한 파종비인데 그동안 형편이 어려웠으니 이것을 또 생각 없이 그 어려웠던 것을 해결하는데 다 써 버린다. 즉, 공부 비용으로 준 것을 엉뚱한 곳에 썼듯이, 파종비로 준 것 또한 엉뚱한 곳에 써 버리는 것이다. 그러면 이제부터는 너에게 찾아오는 인연들에게 쓰라고 주어진 것을 다른 곳에 써 버렸으니 너는 어디 가서 빌붙든지, 다른 것을 찾으러 다니든지 하며 파종도 못하고, 인연들과 사교도 잘할 수 없게 된다. 네가 어렵더라도 파종비로 주어진 것을 잘 쓰면 모자라지 않게 되어 있는데 엉뚱한 곳에 다 써 버렸으니…. 씨를 뿌리려면 밭을 갈아야 하고 밭을 갈려면 밭을 갈 힘이 있어야 하는데 그 힘이 있기를 하나, 필요한 자재가 있기를 하나…. 결국 파종은 하지도 못하고 그 시기가 지나가 버린다. 그러니 수확기가 되어도 거두어들일 것이 없는 것이다. 씨를 뿌렸어야 뭔가 열매를 맺을 것 아니냐? 수확기가 되어도 땅에서 나는 것이라고는 풀씨밖에 없고 아무것도 손에 들어오는 것이 없다. 그저 남이 수확하는 것이나 가만히 쳐다보고 있어야 한다. 그러니 이제 건달이 될 수밖에.

또 이때가 되면 주위 사람들은 모두 잘된다. 그래서 다른 사람이 잘된다 하니 '나도 될까?' 싶어 따라해 보지만 너는 절대 안 된다. 죽어도 안 된다. 그러면 어떻게 해야 하느냐? 지금 내가 조금 어렵더라도 일단 지금까지 어려웠던 것은 한 쪽으로 제쳐 두고 꼭 필요한 곳에만 쓴다면 그만큼 딱 맞게 쓸 수 있도록 경제가 주어진다.

지금(2007년) 원숭이띠, 쥐띠, 용띠의 사람들은 수확기가 지난 지 1년이 다 되어 간다. 그리고 범띠, 말띠, 개띠는 삼재를 벗어나 1년차가 되고 있다. 그러니 삼재를 벗어난 이 자들은 지금 무엇을 할 때냐? 한참 파종할 때이다. 그래서 이들에게는 지금 인연들이 바뀌고 있다. 그 인연들을 자신이 어떻게 대하느냐를 잘 살펴보라. 지금부터 얼마나 우정을 쌓고, 얼마만큼 융화를 해내는지를. 이들이 2년 후에는 수확을 하는데 그때 우정을 잘 나누었으면 서로가 돕게 되어 다 같이 힘을 써서 일어난다. 그러면 지금(2007년) 수확기는 누구냐? 돼지띠, 토끼띠, 양띠가 수확기 1년차로, 이 사람들의 수확기는 앞으로 2년 몇 개월 정도가 남았다. 그런데 이들에게 지금은 수확을 하는 시기이니 파종기에 무엇을 심었는지를 알면 무엇을 수확해야 하는지 알 수 있는데, 물어보니 하나도 심은 것이 없다는 것이다. 그러니 수확할 것이 하나도 없는 것이다.

성인이 되어 사회에 나올 때 처음의 12년에 있는 수확기 즉, 1차로 나왔을 때에는 네가 파종기에 씨를 뿌리든 안 뿌리든 그냥 준다. 그래서 사회에 처음 나오면 사람들이 너를 도와주고, 희한하게 일이 잘된다. 인기도 있고, 생각지도 못했는데 상사가 잘 보아 진급도 되고, 돈 있는 사람도 너에게 어떻게 해주려고 달려들곤 한다. 누가 해달라고 했나? 그렇지 않은데도 스스로 해주려고 막 쫓아다닌다. 이럴 때 너는 인기가 있으니 건방이 넘쳐 '아이구, 자기가 있으면 얼마나 있다고!' 하며 똥방귀나 풍풍 끼며 사람을 밀어낸다. 그런데도 사람들이 막 온다. 이때가 1차 수확기이다.

우리 부모님인 대자연 즉, 신(神)이 우리를 사회로 내보낼 때 신은 우리 눈에 보이지 않기에 직접 물질을 주지 못한다. 그래서 금을 가지고 "여기 있다. 가지고 가거라" 또 통장을 들고 "여기 있다. 가지고 가거라" 할 수가 없다. 그래서 우리에게 주기 위해 맡겨 놓은 물질을 사람에게 실어 그 사람을 인연으로 보내주는 것이다. 이때 우리는 그것을 모두 잘 챙겨 놓아야 한다. 그래야 수확할 수 있다. 그 사람들이 가지고 있는 물질은 그 사람들의 것이 아니라 나에게 전해주라고 그 사람에게 맡겨 놓은 것이다. 그래서 내가 그것을 받지 않으면 결국 다른 곳으로 가게 된다. 절대 그 사람이 자기 것으로 할 수는 없다. 그러니 내가 잘 받아 두어야 한다.

그렇게 받은 것으로 '나에게 주는 연장을 앞으로 어떻게 쓸 것인가?'를 공부한다면 엄청난 수확을 얻게 될 것이다. 만약 지금 수확기가 되었는데도 아직 파종을 못했거나, 파종을 해야 하는지도 모르고 못했다면 지금부터라도 특수한 방법으로 공부하면서 얼른 수확을 해야 한다.

수확기가 되었으면 무조건 수확을 해야 한다. 원래 수확기가 되기 전 파종기 3년 동안 처음 1년차는 어떻게 하고, 2년차는 어떻게 하고, 3년차는 어떻게 해야 하는 법칙이 있다. 그렇게 3년 동안 수확할 준비를 해야 한다. 그러니까 처음 1년차 때에는 각각의 위치에서 필요한 역할을 할 사람이 나에게 인연으로 모두와 연장이 갖추어지고 2년차가 되면 1년차에 준비된 연장을 가지고 풍성하게 다지고 땅의 힘을 고른다. 그리하여 3년차가 되면 맺어 놓은 모든 인연 중에서 콤바인도 구하고, 다른 필요한 것들을 구해 수확기가 되면 알뜰하게 거두어들이면 된다. 그런데 그렇게 하지 못했으니 콤바인은 고사하고 가래도 하나 없어 수확을 못하는 것이다.

　너희가 이 사람에게 올 때, 그렇게 주위의 사람들이 모두 떠나 연장을 쓸 수 없는 상황이 되어서 왔다. 수확기가 되었는데 혼자 덜렁 오면 어떻게 하느냐? 콤바인이 있기를 하나, 트랙터가 있기를 하나…. 콩을 좀 걷더라도 연장이 있어야 하고 담는 바구니도 있어야 하고 또 네 주위에 사람들이 나열되어 있어야만 걷기도 하고 재어놓기도 하고 맡기기도 하여 함께 유기적으로 움직이는데 그러한 준비는 하나도 하지 않고 혼자서 덜렁 이 사람 앞에 왔으니…. 네가 수확을 하려면 지금이라도 연장을 빨리 준비해서 거두어야 하니 지금 그에 대한 방법을 가르쳐 주겠다. 일단 급하니까 공부는 수확기가 끝난 후에 본격적으로 하기로 하고 얼른 수확부터 하여라. 가을 기간이 얼마 남지 않았다. 수확기를 무한정 주는 것이 아니다. 봄에는 씨를 조금 늦게 심어도 되지만, 가을에는 제때에 수확을 빨리 하지 않으면 열매가 모두 땅으로 떨어져 거름이 되어 버린다. 그래서 수확할 때는 날짜도 어기지 말고 정확하게 해야 한다. 그래야 서리도 맞지 않으니.

하지만 만약 아무것도 준비해 놓지 않았다면 속전속결으로라도 빨리 필요한 것들을 준비해야 한다. 그렇게 해서 지금부터 오는 사람에게라도 얼른얼른 신용부터 쌓아, 같이 믿고 뭔가를 할 수 있는 사람부터 주위에 만들어야 한다. 혼자서는 아무리 뛰어도 안 된다. 일단 수확부터 하고, 수확이 끝난 후에 공부를 하면 된다. 그래서 수확을 하고 나면 이제는 공부 비용도 있고 시간도 있고 하니, 공부를 하려고 마음만 먹으면 할 수 있다. 그러니 그때부터는 약속한대로 공부를 하면 된다. 그러나 수확만 하고 공부는 하지 않는다면 준 것을 다시 거두어들일 수밖에 없다. 준 것을 다시 뺏는 것은 그리 어려운 일이 아니다.

이제 그저 돈 얼마 갖다 주고 '삼재팔난 막아 주이소' 하고 절을 한다 하여 삼재의 어려움이 오지 않을 것이라고 생각하면 안 된다. 그리고 '이제 수확기니까 재수가 있을 것이고 돈이 들어올 것이다'라고 생각하는 것도 큰 착각이다. 수확기에는 네가 운용하는 데에 따라 들어오는 크기가 달라진다. 그래서 처음 수확기에는 그냥 주지만, 그렇게 주어진 것을 잘못 써서 빼앗긴 것은 노력하지 않으면 절대 다시 주지 않는다. 그러니 내 주위에 오는 사람들을 운용하고, 흡수하고 상생을 이루어 네 역할을 해낼 수 있느냐에 따라 주어지는 것이 결정되므로 공부하라는 것이다. 그 바탕만 이루고 나면 네가 필요한 것을 주는 것은 일도 아니다. 그런데 혼자 있는 사람이 많은 것을 끌어당길 수 있겠느냐? 주변의 사람과 힘을 모아서 수확을 해야 한다. 그래야만 한 계절에 다 할 수 있다. 자기 혼자서, 연장도 없이 손으로 수확한다고? 가을에 논밭에 나가 보아라. 쌀을 수확한다 해도 몇 평이나 거두어들일 것 같으냐? 얼마 하지도 못하고 가을은 끝난다.

우리는 대인 관계를 공부해야 한다. 나에게 연장 즉, 경제는 내 주위에 오는 사람을 통해서 준다. 그렇기에 그 사람이 너에게 마음이 상하면 자신이 받은 그 연장을 너에게 주지 않을 것이고 반대로 그 사람이 너를 좋아하면 그 연장을 주게 되어 있다. 그러니 나에게 무엇이 올 때에는 반드시 이유가 있으므로 그것을 걷어차지도 말고 모두 감사히 받아 두고, 나를 잘 다스려 그것을 어떻게 쓸 것인가를 생각하라. 그것을 잘 쓰는 자가 되어야 세상에 큰일을 하고 자신을 빛내 존경도 받아 인생유상으로 살고 홀연히 이 세상을 떠날 수 있다. 그러나 이 원리를 모르면 인생무상으로 한평생을 헤매다 가야 한다.

인생무상이란 네가 일생을 바둥거리며 열심히 산다고 살았으나, 이루어 놓은 것은 아무것도 없는 것을 말한다.

우리 국민들이 이러한 공부는 하나도 하지 않고 늘 껍데기만 알다 보니, 지금 소중한 인생 시간을 모두 헛되이 흘려보내고 있다.

이 사람이 가르쳐 주는 공부는 어려운 것이 아니다. '바르게 살면 절대 어려워지지 않는다'라는 대자연의 원리공부이다. 지금부터라도 바른 것이 무엇인지 알고, 내 인생을 바르게 살아나가면 그동안 쌓였던 어려움은 모두 풀리게 된다.

저는 범띠 생으로, 화장품 가게를 하고 있습니다. 지금까지 제가 잘못한 행동이나 버릇 등을 반성하면서 공부를 열심히 하고 있습니다. 그러나 금전적으로 어려운 그 문제는 어떻게 공부로 삼아야 하는지 잘 모르겠습니다.

범띠는 지금(2007년) 삼재가 끝나고 파종할 시기이지 수확할 때가 아니다. 2년 전을 생각해 보아라. 그때는 형편이 조금 돌아 괜찮았지? 그때 준 것이 삼재를 마치고 파종을 하라고 준 파종비다. 그런데 그것을 모르고 당장 앞에 닥친 어려움을 푸는 데에 여기저기 써 버려 파종 시기가 되어도 필요한 것들을 제대로 준비하지 못하니 어려운 것이다. 그런데 또 돈을 벌려고 달려드니 돈이 벌리겠느냐? 즉, 씨를 뿌릴 시기에 열매를 걷으려 하니 열매를 걷을 수 있겠느냐는 말이다. 파종기에 파종을 잘 해놓으면 중간 중간 조금씩 솎아서 팔 것이라도 있게 된다. 예를 들어 보릿고개 넘어갈 때, 큰 무도 중간에 열무로 솎아서 팔고, 단으로 조금씩 묶어서 팔고 하면 약간의 양식도 살 수 있고, 필요한 데에 쓰면서 보릿고개를 넘길 수가 있다. 그런데 지금 질문한 사람은 그런 파종을 못했다. 파종비로 파종은 하지 않고 다른 데에 다 써 버렸기 때문에 지금 수확할 것이 없는데 지금 뭔가를 벌기 위해 움직이고 있으니 아무리 해도 안 되는 것이다.

그러면 어떻게 해야 되느냐? 돈을 벌려고 하지 말고 오는 인연들을 진정으로 대하라. 지금 화장품 가게를 하고 있으니 화장품을 파는 사원들이 많이 있지 않느냐? 그 사람들을 아낌없이 품어 주고, 그 사람들이 제품을 파는 것에 대해 '내가 얼마를 받아야 되고, 얼마를 벌어야 하는데….'라고 미리 계산하지 말고 그 사람들이 너에게 오는 것을 고마워해야 한다.

그래서 '어떻게 하면 저 사람들의 마음을 더욱 편안하게 해주어 매출도 올릴 수 있고 좋은 아이디어를 공급해 줄까?' 하며 한 사람이라도 어려움이 없도록 해주려 하고 어려움이 있다면 '내가 조금이라도 풀어줄 수 있는 방법이 없을까?' 하고 인연들을 진정으로 대하며 어려움을 조금씩 풀어주면서 수장 노릇을 한다면 그 사람들이 그런 마음을 자연히 느껴 열심히 해서 매출도 올릴 것이고 수금도 잘해 줄 것이다. 너의 경제는 그렇게 해서 저절로 풀리게 된다. 그런데 지금은 사람을 대하지 않고 돈만 벌려고 하니 돈이 오지 않는 것이다. 우리는 사람을 잘 대해야 하는 것이지 돈과는 관계가 없다. 사람을 잘 대하면 돈이 덤으로 오는 것이지 돈을 벌려고 한다하여 사람이 오는 것은 아니다. 일단 사람이 네 앞에 온다는 것 그 자체로 너는 굉장히 희망적이다. 만약 사람이 왔는데도 너에게 경제가 돌지 않는다면, 분명 네가 지금 그 사람을 제대로 대하지 못하고 있는 것이다. 여기에서 방법을 찾아라.

    네 앞에 온 사람을 통해서 돈을 벌려고 하면 돈은 절대로 너에게 가지 않는다. 그런데 그 사람에게 돈을 벌려고 하지 않았는데도 너에게 경제가 온다면 너는 그 사람을 진정 바르게 대하고 있는 것이다. 그러니 그 사람을 위해 아낌없이 노력하라. 이때 노력이라는 것은 돈을 들여서 하는 것이 아니라 하나라도 내가 저 사람들에게 도울 일이 없는지 말 한마디라도 신경써서 해주고 어려운 저 사람들이 더욱 어려워지지 않게 책이라도 한 권 줄 것이 있는가, 좋은 강의라도 들려줄 것이 있는가를 생각하며 그 사람들에게 필요한 것을 찾아보라는 것이다. 그렇게 하여 그들이 네가 전해준 것을 보고 들으면서 어려움에 빠져 힘들어하던 것에서 벗어나 마음의 안정을 찾게 되면 영업은 스스로 잘되게 된다. 그런 식으로 뭔가 도울 것이 없는가를 항상 살피고 챙겨주면 그 사람들이 다른 것에 신경 쓸 일이 줄어들게 되고 영업에 전념하게 되니 수금도 잘되게 되어 경제는 스스로 일어나게 된다. 그런데 사원들이 불평을 하고, 하는 일도 잘 안 되고, 집안이 어렵다는 이야기가 귀에 들리는데도 그냥 보고만 있었으니 너는 수장으로서 할 일을 못했다는 것이다.

　화장품 대리점의 수장이면 직접 제품을 들고 밖으로 팔러 나가는 것이 아니라 영업을 하는 사원들이 잘 팔아야만 본인에게 수익이 들어오지 않느냐? 그런데 가게만 차려놓고 수금만 하고 있는 것은 할 일은 하지 않고 돈만 꼬박꼬박 받아먹겠다는 것 아니냐? 분명히 네가 할 몫을 찾아야 한다. 그리하여 네가 모자란 것이 있다면 그 부분을 공부하여 채워야 한다.

　사원들이 집안의 어려움이라든지, 대인 관계에서 어려운 일이라든지 이런 이야기를 네 귀에 들리도록 하는 것은 수장에게 알려 주려고 하는 것이다. 다른 사람들은 그 이야기를 들어도 도와줄 수가 없지만 수장은 딱 들으면 '아, 저 사람에게 저런 아픔이 있었구나. 내가 몰랐구나. 그 자를 불러 대화를 하며 도움 되는 일을 찾아보아야겠구나' 하는 생각이 들게 된다. 그리고 네가 직접 대화해 주지 못한다면 "이걸 한 번 보거나 들어보세요" 하고 책이나 강의 CD를 건네주게도 된다.

　그런데 이런 일을 지금 하지 못하니 경제적으로 어려운 것은 당연하다.

윗사람은 윗사람의 일이 있고 아랫사람은 아랫사람의 일이 있다. 그런데 지금 윗사람들이 자신의 일을 하지 않고 있다. 그리고는 그저 아랫사람들이 열심히 해서 자신들에게 고소득을 안겨 주리라는 생각만 하고 있다. 절대 그런 법은 없다. 예전에는 있었을지 몰라도 이 사람이 철저하게 바로 잡고 있기에 앞으로는 절대 없다. 사람은 각자 자신에게 주어진 임무를 바르게 수행하여 저절로 소득이 이루어지도록 해야 한다.

삼재 시기에 공부를 어떻게 하면 열심히 할 수 있는지요?

공부 시기에는 자신의 방법대로 공부를 하는 것이 아니라 상대들이 자신을 가르치게 되어 있다. 그래서 상대가 하는 것을 모두 겸허히 받아들이고 참고로 삼아야 한다. 그렇다고 하여 상대가 시키는 대로 무조건 하라는 것은 아니다. 자신의 방법이 옳다고 주장하지 말고 상대의 말을 참고로 받아들일 줄 알아야 한다는 것이다. 그런데 상대가 하는 말이 자신의 생각과 다르다며 화를 내고 자신의 방법만 맞다고 주장을 한다면 대자연으로부터 한 대 맞는다. 이것이 삼재팔난이다.

누구와 말다툼을 하는 것도 상대와 이야기를 할 때 자신이 그 상대가 말하는 뜻의 깊이를 모를 뿐이지 분명 상대가 잘못 말한 것은 아니다. 그런데 그 말을 참고로 삼지 못하고 자신의 주장이 맞다고 펼치려고 들기에 다툼이 일어나는 것이다. 그것은 공부하려는 것이 아니라 자신의 인생을 펼치려는 것이다. 그래서 상대가 받아 주지 않으면 화가 나는 것이다. 이렇듯 공부하려는 자세가 아니라 인생을 펼치려 하는 것은 삼재 때 절대 금물이다.

삼재 때에는 '나 잘났다'고 하는 것을 접고 다시 공부를 할 때이다. 그래서 그때 필요한 교과서는 어떤 인연을 통해서라도 그 사람에게 모두 가져다 준다. 이렇게 오는 자료를 거두어들이고 또 거두어들이며 지금은 배우고 공부해야 할 때라는 것을 항상 명심해야 한다. 그렇게 공부 시기를 보내고 있으면 어느 시기에 본인을 돕는 손길이 분명히 나타난다.

이때가 언제인가? 정확하게 30% 되는 때 즉, 삼재 기간 전체를 100%로 보았을 때, 본인이 30%의 질량만큼 노력했다면 그다음부터는 대자연이 그 사람의 길을 돕게 된다. 물론 처음에는 고집을 세우는지 그렇지 않는지를 두드려도 보고 이렇게 저렇게 다루어도 보지만, 이 원리를 알고 조금씩 노력을 하며 다가오는 것을 내치지 않고 거두어들이고, 나를 내세우지 않고 낮추면 30%를 가는 동안 자신이 확 달라지기 시작한다. 고집을 부리던 습관이 조금씩 줄어들고, 스스로에게 다가오는 참고 자료를 30%만큼 받아들이다 보니 이제는 조금씩 이해가 가기 시작하며 이때부터 공부할 자세가 된다. 그래서 여기까지 노력하는 것이 30%를 가는 것이다. 이만큼만 하면 그다음부터는 너에게 맞도록, 화나지 않게, 누군가가 네가 진정 필요한 것을 만들어 갖다 주는 인연들을 너에게 보내 준다. 그렇게 오는 것을 또다시 흡수하니 나중에는 아주 답까지 풀어 준다. 얼마나 수월한지 모른다. 그러니 그 사람이 고맙고, 이제는 '이 세상의 모든 이들이 이렇게 고마운 줄 몰랐구나! 그동안 나의 아집으로 이 사람들을 모두 막고 있었구나!' 하고 깨우치기 시작하는 것이다. 그러니 이제부터는 대자연이 너에게 시험지를 갖다 주어도 '감사합니다' 하고 잘 받아서 푸니 "합격!"이 되어 삼재를 잘 마치게 된다.

　이처럼 대자연이 하는 일은 거룩하고 각자 한 사람, 한 사람에게 딱 알맞게 하고 있다.

삼재 공부 기간 동안 네가 인성공부를 하여 파종할 시기

가 되었을 때 다가오는 많은 인연들과 조화가 잘되고, 서로
어려운 것을 품어 안아 교류가 잘되면 3년 후 수확기에는 모
두가 동참하여 일을 이루니 너는 대인으로 성장하게 된다.
　이렇게 우리가 정상적으로 어릴 때부터 공부를 바르게 했더
라면, 지금처럼 어려워지는 사람은 아무도 없었을 것이다.

그러면 지금 제가 삼재인데 아무것도 하지 말고 공부만 해야 됩니까?

　공부는 가만히 놀면서 글 쓰고 읽는 것이 아니다. 지금 네가
어떤 일을 하더라도 모든 것을 공부로 받아들이라는 것이다.
이것이 생활도(生活道)이다. 공부는 어디 깊숙이 들어가서 세
상과 동떨어져서 하는 것이 아니다.

　우리가 어려울 때에는 먹을 것 하나 조차도 벌기 어렵다. 대
자연이 얼마만큼 없애놓느냐 하면, 구리반지까지도 빼서 팔게
만들고, 부산에서 양산까지 가는데 토큰 하나도 없게 만든다.
그런데 또 그런 사람은 토큰이 없다 하여 걸어갈 근기도 안 된
다. 가기는 가야겠고, 차비는 없고 하여 꾀를 내어 친구에게 부

탁하기 위해 가지고 있는 돈으로 겨우 전화를 하여 친구를 불러낸다. 친구는 보자마자 "임마, 오랜만이다" 하면서 반갑다고 술집에도 데리고 가고, 노래방에도 데리고 가고, 식당에도 데리고 가며 온갖 대접을 다 해준다. 그런데 친구를 부른 의도는 그러한 대접을 받기 위해 부른 것이 아니지 않는가? 양산까지 갈 차비가 없어서 불렀지 않는가? 그래서 겨우 용기를 내어 친구에게 "친구야, 2000원만 빌려줘. 차비가 없어"라고 하니, 친구는 "이 자식, 너 미쳤냐?" 하고는 농담으로 받아들이고 "나중에 또 보자" 하고는 웃으면서 가버리는 것이다. 그렇게 결국 차비를 구하지 못하게 된다. 그러나 밥도 실컷 먹었겠다, 그러면 걸어가도 되겠지만 그 사람의 근기로는 걸을 수도 없으니 정말 미치는 것이다. 그 정도로 대자연이 싹 훑어간다. 어떤 식으로 만들었든 간에 네가 원하는 것을 하지 못하게 모두 없애버리는 것이다.

네 주위에 사람이 있고, 네가 할 일이 있다는 것은 아주 소중하다. 아직 주위에 네 말을 받아줄 사람이 있다는 것은 엄청난 기회를 가지고 있음이다. 그러니 주위의 사람들을 무시하지 말고 소중히 여겨 '내 옆의 사람이 이렇게 고마운지 나는 모르고 있었구나'라는 것을 깨닫고 자존심을 내려놓고 먼저 그들을 대하는 방법부터 바꾸어라.

그렇게 노력을 하면 그것이 작은 파장을 일으켜 신용으로 돌아온다. 그래서 뭔가를 할 때 너를 도와주게 되어 고마운 분들이 있었음을 다시 한 번 알게 된다.

네 앞의 사람부터 먼저 볼 줄 알아야 한다. 그분들이 최고 고마운 분들이다. 네 성격이 아주 못났는데도 그분들은 옆에 남아주었던 것이다. 그 이상 고마운 것이 어디 있겠느냐? 마지막까지도 너를 믿어준 분들이 아닌가? 그러니 그분들에게 감사하고, 조금이라도 자신을 낮추어 배우려는 노력을 하면 이제는 그분들이 너를 위해 엄청난 것을 해주는 희한한 일이 벌어진다.

삼재는 어디에 빌고 매달린다고 피하거나 막을 수 있는 것이 아니다. 그러니 삼재 시기가 되면 이 시기는 공부 시기라는 것을 알고 생활 속에서 일어나는 모든 일을 배우는 자세로 거두어들이고 자중해야 한다. 그리고 다가오는 인연들에게 고마워하고 겸손해야 함을 항상 명심하라.

민족이여 깨어나라

14 * 인간에서 사람으로

問

사람이라고 다 같은 사람이 아니라는데,
진짜 사람은 어떤 사람이고
진짜 사람이 되려면 어떻게 해야 하는지 가르쳐 주십시오.

答

나를 존중하고 상대를 존중하라.

허~ 사람 되는 공부를 하자고? 이때까지 이 사람이 여러분에게 사람 되는 공부를 많이 시켰는데 엉뚱한 공부를 시켰는가 보구만. 허허.

그렇다면 되새기는 의미에서 다시 한 번 사람 되는 공부를 해보자.

우리는 태어나면서부터 동물이 아니고 인간이다. 하지만 사람은 아니다. 고로 동물도 아니고 사람도 아니라는 뜻이다. 그래서 사이 '간(間)'자를 써서 동물과 사람의 사이를 인간(人間)이라 하고 또 사람과 동물의 중간이라고 하여 중생(中生)

이라고도 한다. 사이 '간(間)'자나 가운데 '중(中)'이나 똑같은 뜻이다.

그러면 사람은 무엇이냐? 인간이 다 자라면 사람이다.

우리는 인간에서부터 자라기 시작한다. 이때 자란다는 것은 내 몸 육신이 자라는 것이 아니라 갖춤을 갖추는 것을 말한다. 그래서 '나의 갖춤'을 다 갖춘 자가 다 자란 자이다.

그러면 어떻게 갖추는 것이 나를 갖추는 것이냐? '내 인생'을 살 수 있는 공부를 하는 것이다. 우리가 인생을 못 살면 중생으로 산다. 그래서 사람이 볼 때는 동물이 사는 것이나 중생이 사는 것이나 똑같다.

우리는 사람으로 살 수 있는 길을 공부해야 하며 그것이 인성공부로, 그 공부를 다 하게 되면 성인(成人)이 된다. 이때 성인이란 다 성장했다는 소리로, 그것을 보고 도인이라고도 하고 성인(聖人)이라고도 하고 대인이라고도 하고 사람이라고도 한다.

우리가 지상 3차원에 온 것은 육신을 가지고 인생을 살기 위해 온 것이지 동물처럼 그냥 먹고만 살고, 서로 아옹다옹 다투

다가, 울다가 웃다 죽으려고 온 것이 아니다. 그러니 단 한 순간이라도 자신의 인생을 못 살고 가면 세상에 오나 마나이다. 아니, 오히려 안 오느니만 못하다. 이 3차원에서 최고의 꽃인 우리가 백 년 안팎의 시간을 받아 우리 스스로 알아서 살아야 되는 이 세상에 와서, 안 온 것보다 못한 인생을 살고 가면 어떻게 되겠느냐? 한 뜸이라도 바르게 살고 가야만 여기에 온 보람이 있다. 그래서 내게 주어진 사명을 조금이라도 하고 가는 그것이 '내 인생'이다. 인생을 못 살면 동물 취급을 받으니 단연코 공부를 해야 하며, 그 공부가 바로 인성공부이다.

인성공부를 하지 않으면 아무리 뛰어난 재주를 부리고 살았어도 내 인생을 산 것은 아니다. 그래서 원래 도를 닦는다는 것이 인성을 갖추는 공부를 하는 것인데, 지금까지는 도를 잘못 알아 산에 앉아 명상을 하면 도가 이루어지고, 책을 많이 보면 도가 이루어지는 줄 알았다. 그리고 재주가 들어오거나 미래를 알아맞히거나 땅 밑을 훤히 내려다보면 도인인 줄 착각하고 있었다. 그러나 미래를 알아맞히고 점을 치고 땅 속을 훤히 보는 것은 도인이 아니라 신(神) 받은 사람 즉, 영통한 사람이다.

도를 닦는 것은 나의 길을 찾는 것이다. 다시 말해 나는 왜,

무엇을 하기 위해 이 땅에 왔으며, 일생 동안 무엇을 하고 가야 하며, 그렇게 하기 위해 나의 모자람은 무엇인지 점검하여 자아를 갖추는 것이 도를 닦는 것이다. 이것은 능력 있는 것과는 아무런 관계가 없다. 그런데 도술이 들어왔다고 도인으로 착각하고 있다. 그러니 앞으로는 이런 재주가 있다 하여 도인이라고 생각하던 것을 전부 깨부수어야 한다.

내가 바르게 사는 원리를 알면, 다른 사람을 바르게 살 수 있도록 이끌어 줄 수 있다.

인간은 바르게 살아나가면 필요한 능력이 다 들어온다. 그러나 필요 없는 힘이 들어오는 것은 좋지 않다. 나에게 필요한 만큼 능력이 들어와 그것만 쓰면 나는 하나 흐트러짐 없이 힘들지 않게 살 수 있는데, 그렇지 못한 사람이 어디서 힘을 얻으려고 한다든지, 능력을 더 얻으려고 한다면 욕심이 더해져 앞이 보이지 않아 내 인생을 못 살게 된다. 그러니 그런 능력은 아예 갖지 않는 것이 좋다.

내가 음식을 만들 때 재주를 가지고 음식을 만들 줄 알면 되는 것이지, 음식을 만들 필요가 없는데 만드는 재주를 가지고 있으면 남에게 잘난 체를 하여 오히려 사람이 잘못된다. 다시 말해, 내가 뭔가를 행할 때 힘이 생겨 그 일이 잘되면 그것이 최고로 안정된 실력이다. 이로써 내가 나를 잘못되지 않게 스스로 지킬 수 있게 된다. 그러니 내 재주가 없다고 누구에게 원망하지 말고 한탄도 하지 마라. 사주를 받아올 때 재주를 주지 않은 사람은 이 세상에 단 한 명도 없다. 그러니 대자연에 감사해야 할 일이지 원망할 일이 아니다. 단지 나에게 준 재주가 무엇인지 모르니 바르게 쓰지 못할 뿐이다. 호미를 주었는데 호미를 걸어놓고 손으로 밭을 갈고, 콤바인을 주었는데 마당에 그냥 세워놓고 쟁기를 어깨에 메고 끌고 있으니 어찌 어렵지 않을 것이냐?

우리가 살아가는 데는 오만 연장 즉, 오만 재주가 다 필요하나 각자에게는 딱 세 개씩만 준다. 그러면 나머지 연장은 어떻게 주느냐? 네 앞에 사람 인연을 보내준다. 그때 한 사람이 오면 그 사람에게 핵심 연장이 세 개가 있으니 너의 연장 세 개와 그 사람 연장 세 개가 상생하여 잘 협조하게 되면 여섯 개의 연장이 쓰이게 되고 또 그 사람 뒤에 사람이 있어 그 사람이 오면 세 개가 또 더해지게 된다. 이런 식으로 내 주위에 인연으로 온 많은 사람을 잘 대하고 살면 그 연장이 전부 다 내 것도 될 수 있고 그 자들 것도 될 수 있어 살아가는 데에 하나도 힘들지 않게 되어 있다. 그런데 우리는 내 주머니에 있고 내가 가진 연장만이 내 것인 줄 모두 잘못 알고 있었던 것이다. 그러니 어려울 수밖에.

대자연은 전부 다 같이 어울려 살도록 자동으로 빚어두었는데 어릴 때부터 이런 원리를 배우지 못했기에 내가 왜 사람을 만나는지도 모르고, 만나서 친하게 그냥 재미있게 웃으며 살면 끝나는 것으로 착각하고 있다. 그 사람 힘이 나에게 도움이 되라고 만났으며, 내 힘이 그 사람에게 도움이 되라고 만난 것이다. 이것만 잘하면 우리는 어려움 없이 이 세상에 온 사명을 전부 다 이루고 가도록 되어 있다.

우리가 인간, 중생에서 사람으로 거듭나는 것이 인성을 갖추는 것이고, 이것이 바로 도를 닦는 길이고, 공부를 하는 것이다. 그러면 그 공부는 어떻게 이룰 수 있느냐? 70%는 여러분이 노력하면 이룰 수 있다. 하지만 나머지 30%가 문제이다. 70%는 인생을 살기 위해 꾸며가는 바탕으로 이 70% 위에 30% 정(正)인, 우리가 바르게 사는 법도가 있다. 다시 말해, 내가 노력해서 전부 다 이루는 것은 정이 아닌 사(邪)이자, 방편이다.

그러면 방편은 왜 존재하느냐? 인생을 살기 위해 존재한다. 여러분이 사장이 됐다든지, 회장이 됐다든지, 대통령이 됐다든지, 장관이 됐다든지, 국회의원이 됐다든지 하는 것은 전부 방편으로, 노력하면 최고의 자리에 갈 수 있다. 하지만 그 자리에서 내가 해야 될 역할이 무엇인지 모르고 있다는 것이 문제이다. 회장이 되고 나서 무엇을 해야 되는지, 대통령이 되고 나서 무엇을 해야 되는지 이것을 모르고 있다는 말이다. 대통령 되기 위해 열심히 노력하여 대통령이 되었다면 그때까지 노력한 것은 다 놓고 이제부터는 대통령이 할 일을 해야 한다. 그런데 무엇을 해야 되는지 모른다면 그때부터 헛 인생을 살게 된다. 즉, 그때부터 어려워진다는 소리이다. 그것도 제일 먼저 누가 어려워지느냐? 나에게 온 사람들이 먼저 어려워진다.

예를 들어, 사장이 되면 주위에 사람이 오는데 그들은 사장을 믿고 오는 것이다. 그런데 사장이 그들을 바르게 이끌어 주지 못하고 있다. 즉, 그들이 왜 오는지를 몰라 그저 일이나 시키고 봉급만 주면 되는 줄 알고 있다. 그러나 그것은 사람을 오게 만드는 방편 밖에 안 된다. 그들은 일하고 봉급받기 위해서 온 것이 아니라 그다음의 것을 얻기 위해 온다는 것을 깨우쳤어야 한다.

직원들이 오는 것은 당연한 것으로, 그들은 가족을 만들기 위해서 온 것이다. 저 사람은 재주를 갖게 해놓고 사장인 나는 운용을 하게 하여 대자연이 서로 모이도록 해놓았다. 그러면 가족이 모였으니 사장은 무엇을 해주어야 하느냐? 나에게 모인 이 가족을 즐겁게 살도록 해주는 것이 사장의 본분이다. 그렇게 3년을 아주 즐겁게 살도록 이끌어 가면 정확하게 즐거운 압이 차게 된다. 이것이 딱 차서 넘어가면 기쁘게 된다. 그렇게 기쁘게 4년 동안 살면 또 그 압이 꽉 차서 행복이라는 것을 맛보게 된다. 이처럼 나에게 온 사람을 즐겁고 기쁘고 행복하게 이끌어야 하는 것이 사장의 본분임에도 그렇게 못 해 준다면 사람을 자신 앞에 다 모아놓고 인생의 시간을 낭비하고 헛살게 만드는 꼴이 된다. 이런 엄청난 과오를 지금 사장이 저지르고 있다. 그런데 이런 것을 모르다 보니 왜 지금 사장이 종업원들에게 멱살을 잡히는지도 모르고 잡히고 있다. 그래서 멱살 잡히는 사장은 종업원들이 돈 때문에 그런다고 생각하고, 멱살 잡는 종업원들 역시 자신들이 돈이 필요하여 그렇게 하는 것으로 착각하고 있다. 어떠한 기운이 모여져 멱살을 잡을 수밖에 없는가를 멱살 잡는 자도, 잡히는 자도 모르고 있는 것이다.

종업원들이 그렇게 하는 좀 더 정확한 이유를 살펴보면, 사장을 믿고 수년 동안 시간을 보냈는데도 인생이 나아지지 않고 아직도 그냥 봉급 받아 먹고사는 놈이 되어 동물로 살고 있기 때문이다. 또 돈에 매여 못 먹고살아 환장하는 등신으로 살도록 전부 만들어 놓았으니 자신들이 생각해도 더 이상 사람이 사람 아닌, 희한하게 되어 버려 억울하기 때문이다. 즉, 중생이 사람으로 변하지 못하니 정확하게 동물같은 짓을 하는 것이다.

동물은 당연히 힘의 논리에 의해 사니까 상대가 자신보다 약해 보이면 그냥 달려들어 위를 차지하지 않느냐? 하지만 지식을 갖춘 사람은 절대 윗사람에게 달려들지 않고 남을 물어뜯지도 않는다. 내가 굶어 죽는 한이 있어도 물질을 갖기 위해, 먹고살기 위해서 남을 물어뜯지 않는다는 말이다. 그런데 상식이 없고 지식을 안 갖추다 보니 그렇게 하는 것이다. 이것이 사람과 중생의 차이다. 다시 말해, **동물은 먹고살기 위해서 오만 짓을 다 하지만 사람은 먹고살기 위해서 남에게 해(害)가 되는 오만 짓은 하지 않는다.**

지금 사회에서 일어나는 온갖 일들도 모두 이런 이유로 일어나는 것이다. 부모들이 자식을 끼고 있으면서 자식을 사람으로 성장시켜 주지 못했고, 즐겁게 살 수 있게 해주지 못했고, 부모가 어른이면서 어른 행위를 하지 못했으니, 자식이 부모에게 달려드는 것이다.

자식이 반듯이 성장하게 되면 그 삶이 즐겁고 기쁘고 행복하다. 그래야만 부모가 자식을 바르게 키운 것이 되고 선생이 학생을 바르게 이끈 것이 되는데, 그렇지 않다 보니 부모에게도, 선생에게도 불만을 토하고 뒤에서 엉뚱한 소리를 하는 것이다. 이 모두가 다 인생을 살도록 이끌어주지 않았기 때문에 저절로 그렇게 되는 것이다.

동물은 동물 짓을 하는 법이다. 사장이 가족이 되려고 온 종업원들을 전부 다 동물로 그냥 묶어두고 있으니 종업원이 화가 나서 발악하며 그 화를 분출하고 있다. 이 사람이 하는 말이 다소 과격하다 하겠지만 알 것은 바로 알아야 된다.

이 사람이 지금 가르치는 공부는 인간이 아닌 사람이 살아가는 방법을 알고 그대로 행하고 노력하라는 것이다. 그래서 사람으로 살려고 조금만 노력을 해도 병이 없어지고 못난 것도 예뻐지고 어려운 것도 다 좋아진다. 그렇게 조금만 노력해도 표시가 나는데 그렇지 않으니 어려워지는 것은 당연한 이치이다.

사람으로 바르게 사는 제1의 근본은 '상대를 존중하라'이다. 동물은 상대를 존중할 수 없고 힘의 논리로 살 수밖에 없지만 인간은 성장을 하고 조금이라도 갖추었다면 상대를 존중할 수 있다. 그래서 자연도 존중하고 사람도 존중하고 내 앞에 온 인연도 존중하게 된다. 이처럼 누구든지 존중하는 데에서부터 시작해야 한다. 그렇게 나에게 오는 인연을 존중하고 그 사람이 나를 받아들이게 되면 내 인생이 조금 나아지게 된다. 이것을 알고도 존중하기 싫으면 안 해도 되지만, 그렇게 되면 내 인생이 풀리리라고는 절대 꿈도 꾸지마라.

우리가 과거에는 돌멩이에도 빌었고 나무에도 빌었고 산신에게도 빌었고 어디든지 다니면서 빌면 다 되는 줄 알았다. 참 무식하게도. 그런데 지금은 그런 시대가 아닌데도 불구하고 아직까지 빌면 되는 줄 착각하며 살고 있다.

우리 국민이 왜 다 어려우냐? 지금은 지금대로 살아가는 방법이 있고 100년 전에는 100년 전에 살던 방법이 있었다.

지금은 너와 내가 서로 힘을 합쳐 사는 시대로 절대 혼자서는 살지 못한다. 지금으로부터 약 300년 전, 그때부터 전(全) 인류는 지금 이 세상을 만들기 위해 노력을 했다. 즉 과학, 기술 같은 것들이 발전하기 시작했고 그것으로 인해 힘을 합쳐 전부 다 집단으로 모여 살도록 이 세상이 빚어졌다. 그리하여 기술이 개발되고 과학이 개발되니 전기도, 비행기도, 자동차도, 전자제품도 만들게 되고, 이것을 생산하기 위해 집단화가 되어야 되고, 집단화가 된다는 것은 흩어져 있던 가족이 다시 모인다는 것이다.

왜 집단화를 만들어 가느냐? 힘을 합쳐야만 우리는 즐겁게 살 수가 있고, 힘을 합쳐야만 기쁘게 살 수가 있고, 힘을 더욱 합쳐야만 행복하게 살 수 있기 때문이다. 서너 명이 모여서는 절대 즐거운 것을 계속 유지할 수 없고, 일정한 숫자 이상이 같이 행복해야만 그 행복을 유지할 수 있다. 그래서 인류는 계속 발전하면서 결국은 집단이 같이 살 수 있는 공간을 만들어 놓았다. 이것이 기술 발전의 결과요, 진화이다. 그래서 전부 다 공장이라는 이름으로, 사회단체라는 이름으로, 종교라는 이름으로 모인 것이다.

그런데 그 중 종교를 예로 보더라도, 많은 사람들이 종교집단으로 모였으면 사람이 사는 길을 알아야 하는데 이 길을 모른 채 30년 동안 모여 앉아 관세음보살이나 하느님만 찾고 있다.

그러니 어떻게 되었느냐? 사람이 모일 때에는 착 착 착 모이게 된다. 그러나 사람이 모여서 함께 있을 수 있는 시간은 한계가 있다. 그런데 그 시간이 지났는데도 그냥 모여만 있으니 이제부터 흩어지기 시작한다. 왜? 다 모였는데도 '정(正)'을 살지 않고 그냥 또 '사(邪)'만 자꾸 만지고 있으니 흩어지기 시작하는 것이다. 아무리 좋은 다이아몬드도 만날 보면 싫증나듯, 무엇인가 아닌 것을 느끼게 되니 또 다른 것을 찾으려고 살살 흩어지는 것이다. 그래서 또 떠난다.

이처럼 우리가 집단화로 모이기는 했으나 그 답을 찾지 못하고 있다. 우리는 인생을 살기 위해 노력하는 중인데 이것을 지도자가 이끌지 못했다. 동물 삶이 아닌 인생을 살면 보람을 가지고 정확하게 즐겁고 기쁘고 행복하게 살아 갈 수 있고 그럴 때에는 원도 한도 없이 살다 간다. 앞으로는 그런 길을 우리 후손들이 살 수 있게 우리가 만들어서 이 세상에 펼쳐놓고 가야 한다. 그것이 우리의 사명이다.

우리가 사람으로 산다는 것은 고통스럽고 힘든 것이 아니다. 이 사람이 벌써부터 말했지? 인생은 50부터라고. 이 소리는 그냥 웃으라고, 듣고 지나가라고 한 소리가 아니다. 10대, 20대에는 무엇을 하느냐? 10대에는 스펀지가 물을 빨아들이듯이 전부 다 배우는데 힘써야 하고 20대에는 배우면서 잘못 배운 게 있다면 이것을 바로 잡아 갖추어 나가야 한다. 그러면 30대, 40대에는 일을 하며 열심히 뛴다. 그것은 바로 50대, 60대에 내 인생을 살기 위한 바탕을 만드는 것으로 이때까지는 아직 인생을 사는 것이 아니다. 30대, 40대는 인생을 살기 위한 모든 바탕을 만들어 나가는 시기로 그 방편이 '사(邪)'이다. 그래서 이것을 만들어 놓고 나면 그 위에 딱 앉아 인생을 사는 것이다. 그렇게 30대, 40대에 나에게 주어지는 인연들을 전부 다 바르게 대하여 그 중 30%만 챙겼더라도 엄청나게 많은 인연들을 챙긴 것이고 70% 챙겼으면 말할 필요도 없다.

그러면 50대는 어떻게 해야 하느냐? 나를 필요로 하는 사람이 되어 있어야 한다. 그래야 잘 뛴 것이다. 나를 갖추더라도 상대가 나를 필요로 하게 갖추어야 하지, 나만 잘났다고 하면 안 된다. 그렇게 30대, 40대를 열심히 살면 50대부터는 많은 사람들이 나를 필요로 하기 때문에 그 사람들에게 '정(正)'의 일 즉, 바른 일을 할 수 있게 된다.

이때 바른 일이란 인생을 사는 데에 도움되는 일을 하는 것이다. 쌀을 주고 옷을 주고 빵을 주는 것이 아니라 그 사람이 인생을 바르게 살 수 있도록 이끌어 주는 것, 말 한마디라도 바르게 해주는 것, 모르는 것이 있으면 바르게 알려주고 잡아 주는 것이 그 사람을 돕는 일이다. 그래서 내 말을 듣게 하기 위해 30대, 40대에 신용을 다 쌓아 놓았어야 한다. 내가 친절하게 한다든지, 내 시간을 많이 할애한다든지, 내가 가진 재주나 재물을 같이 쓴다든지 하여 신용을 쌓는 것은 30대, 40대에 하는 것이다. 그렇게 신용을 충분히 쌓아 놓고 50대가 딱 되면 그 사람들이 이제부터 내 말을 듣게 된다. 그래서 50대가 말을 하면 받아들이게 되고, 60대가 말을 하면 더욱 깊이 받아들이고 따르게 된다. 그러니 나이가 50이 되면 대인으로 올라서서 누구를 가르쳐 줄 수 있는 길이 열리게 되는 것이다.

30대, 40대는 신용을 쌓고 있는 것이지 누구에게 지시를 하고 이끌어 줄 수는 없다. 50대가 되어야 비로소 연륜이 차서 바른 것을 알게 되어 이끌어 줄 수 있는 힘이 생기는 것이다. 바르게 이끌어 주는 것만이 덕행을 실천하는 것이다. 음식을 주는 것은 신용을 쌓고 있는 것이지 덕행을 하는 것이 아니다. 친절하게 대하는 것도 마찬가지이다.

우리가 진짜 상대를 위해 산다는 것은 무엇이냐? 상대가

자신의 인생을 살 수 있도록 이끌어 주는 것이다. 그러나 내가 바르게 사는 것이 무엇인 줄 알아야만 상대를 그렇게 이끌어 줄 수 있다. 그러니 먼저 나를 갖추고, 인성을 갖추어 놓아라. 그래야 그런 것을 알게 된다.

그리고 앞으로는 어디 가서 함부로 무릎을 꿇어서는 안 된다. 즉, 비굴하게 살면 안 된다는 것이다.

돌멩이에 절을 하면서 도와달라고 무릎을 꿇으면 돌멩이가 너를 지배한다. 하느님에게 매달리면 하느님이 너를 지배한다. 가만히 있는 대자연에게 도와달라고 무릎 꿇고 빌면 대자연이 너를 지배한다. 내 자식에게 매달려 사정하면 자식이 너를 지배한다. 남편에게 매달리면 남편이 너를 지배한다. 부인에게 통사정하면 부인이 너를 지배한다. 그러면 끌려다니며 살아야 되고 너의 인생은 구속을 받게 되어 그때부터는 네 인생은 못 살게 된다. 그러니 누구에게도 통 사정을 해서는 안 되고 매달려서도 안 되고 치우쳐서도 안 된다.

내가 한 뜸, 한 뜸 노력하면서 즐겁게 살면 내가 즐겁기 때문에 남에게 즐거움을 줄 수가 있다. 내가 우울하면 절대 남에게 즐거움을 줄 수 없다는 것을 명심하라.

그러니 나부터 즐겁게 살아라. 남을 즐겁게 해주려고 달려들지 말고. 이 말이 이기주의 같지만 절대 아니다. 대자연의 근본 원리이다. 내가 즐겁지 않으면 절대 남에게 즐거운 것을 선사할 수가 없으니 나부터 아주 재미있게 살고 신나게 살고 즐겁게 살면 사람들이 전부 다 나에게 온다. "요새 왜 그리 좋은데?" 하며 자기도 즐거워지고 싶어 다가온다. 그러니 즐겁지도 않은 자가 남을 위해 산다는 것은 어불성설이다. 탁한 기운으로 어떻게 남에게 좋은 기운을 준다는 말이냐?

나부터 먼저 열심히 내 삶을 살며 나를 존중하라. 그래야 남도 존중하게 된다. 내 신세를 한탄하는 자는 절대 남을 존중할 수가 없다.

도의 근본 깨달음이 바로 이것이다. 도를 탁 깨치고 나면 '나'를 소중히 여기고 존중한다. 이것이 첫 걸음이다. 다시 말해, 내 자신을 깨닫고 나면 내가 얼마나 위대하고 대단한지를 발견하게 된다. 나를 사랑하고 나를 존중하고 나를 귀하게 여길 때 이제 상대도 존중할 수 있고 귀하게 여길 수 있다. 나를 사랑하지 못하는 자는 남을 사랑할 수 없다. 절대로. 진정 나를 사랑하고 나를 귀하게 여겨야만 힘이 생기고, 그 힘으로 남을 존중하고 사랑하게 되어 상대에게 내 힘을 나누어 줄 수 있다. 그렇게 하나가 되기 시작하여 인연들이 형제가 되고 가족이 되어 그 힘이 전부 다 뭉쳐지니 못할 게 없는 힘으로 변하게 된다.

그러니 남을 절대 탓하지 말고 존중하라. 내가 나를 존중하면 내 탓을 하지 않고 내가 상대를 존중하면 상대 탓을 절대 하지 않는다.

모든 것은 여기서부터 비롯되니 남이 하는 행동에 내 잣대를 대어 채찍하지 마라. 그 사람은 나름대로 살아나온 방법과 형편과 처해진 상황이 있기에 그러한 행동을 하므로 그것을 채찍질할 수 있는 권한은 대자연이 너에게 주지 않았다. 그렇게 하는 것은 그 사람의 인생이며 지금 노력하고 있는 중에 그런 행동이 나오는 것이니 그것을 사랑할 줄 알고 존중해 주어라. 그것을 잘못한다고 후려쳐 버리면 안 된다. 그 자도 그렇게 하고 싶겠느냐? 노력하는데 잘 안 될 뿐이다. 왜? 모르니까.

항상 상대를 존중하고 상대가 못하는 일도 내가 존중할 줄 알아야 그 사람과 가까워지고, 그것이 힘이 되어 내 인생이 즐거워져 앞으로 살아나갈 길을 크게 열어나갈 수가 있다.

이것이 인간에서 사람 되는 기본 원리이다.

15* 인정 베풀지 마라

問

지금까지 스승님의 강의를 듣고 공부를 하면서
나름대로 냉철한 분별을 하려고 노력합니다만
막상 생활 속에서 인정 때문에 냉철한 분별이 참 어렵습니다.
어떻게 하면 냉철하게 되는지 일깨워 주십시오.

答

상생하면서 교류할 때 반드시 조건을 걸어라.

우리 민족은 인정이 참 많은 민족이다. 왜 그러하냐? 원래 뿌리민족은 얼기설기 섞여 전부 다 정(情)을 물고 있기 때문이다. 그러다 보니 매정하게 인정을 뿌리치지 못한다. 그래서 이것 때문에 쉽게 오류를 범하기도 한다.

예를 들면, 우리가 자식을 성장시킴에 있어 자식이 21세가 될 때까지는 부모 그늘에서 자란다. 그런데 21세가 딱 넘으면 어떤 결과가 나느냐? 자식도 자기 존엄성을 갖는다. 그래서 그때부터는 '부모가 키운다'고 생각해서는 안 된다. 3×7=21. 즉, 부모가 자식을 키우는 것은 21세까지이다. 그런데 21세가 지난 후에도 자식이 조금 어렵고 안 되어 보이니 부모가 도

와준다? 그러면 그때부터 자식을 구렁텅이로 밀어 넣는 것이다. 지금 당장에는 표가 나지 않지만 시간이 가면 갈수록 표가 난다. 그러니 자식이 21세가 지나고 나면 부모는 절대 경제든 무엇이든 도와주어서는 안 된다.

그 이유를 좀 더 자세히 풀어 보자. 부모가 자식을 21세까지 딱 키워놓으면 자식에게 할 일이 다가온다. 이때 부모가 대학까지 시켰다든지 자식에게 정신적, 물질적 투자를 많이 했다든지 하였는데 막상 자식에게 다가온 일이 작으면 부모가 볼 때 마음에 차지 않는다. 그래서 '우리 아들이 저런 것이나 하라고 내가 이렇게 공을 들여 키우지는 않았다'고 생각한다. 그러니 자식이 그 일을 하려고 하면 부모가 '내가 조금 도와주고 말지, 자식이 그런 일은 안 했으면….' 하고 생각하여 "그 일은 하지 마라"고 하며 경제적으로 자식을 조금 도와준다. 그러면 어떠한 일이 생기느냐? 자식에게 그다음의 일이 분명히 오는데 앞에 왔던 일보다 조금 더 지적인 일이 딱 들어온다. 그러나 조금 지적이긴 하지만, 부모의 눈에는 그것 또한 자식을 공들여 키운 것에 비하면 아직 부족해 보인다. 그래서 '어찌 내 새끼에게 저런 일을 시키겠나?' 싶어 또 그 일을 하지 못하게 하고 경제적으로 도와주어 버린다.

 그럼 그다음에는 어떻게 되느냐? 자식에게 또 다른 일이 온다. 이번에는 두 번째 왔던 일보다 조금 더 우수한 일이 온다. 그래서 이번에는 자식이 하려고 한다. 그러나 이때 자식은 절대 그 일을 처리할 수 없다. 왜? 처음에 작은 일이 왔을 때 그것을 했어야만 면역이 되고 경험이 쌓여 다음에 오는 일을 정확하게 처리할 수 있도록 발전하기 때문이다. 그런데 그것을 못하게 부모가 막아 버렸으니 다음에 오는 일을 처리하기에는 자식이 버거운 것이다. 그리고 또 그 일을 막았다면 그다음의 일은 더욱 버겁다. 그래서 몇 번을 그렇게 했다면 그다음부터는 세상이 자식에게 일을 주어도 그 일을 처리할 수 있는 능력이 없기 때문에 자식은 항상 어려움에 직면하게 된다.

 그러면 어떻게 해야 하느냐? 자식이 21세가 딱 되고 나면 그 후로는 부모가 잘 모르고 했든, 사회가 잘 모르고 했든, 어떻게 되었든 부모가 21세 안에 자식을 잘못 키운 부분이 있기 마련이다. 그리하여 29세까지 잘못 키운 것들이 다 나온다. 그래서 자식이 어려움을 겪게 된다. 이때 부모가 절대 그냥 도와주면 안 되고 잘못 키운 것이 나오면 처음부터 교류를 다시 해야 한다. 자식은 밖에 나가 어려움에 맞닥뜨리게 되면 부모에게 도와 달라고 손을 내밀게 되어 있다. 이때 자식이 부모에게 부탁을 하면 부모 또한 자식에게 부탁할 것이 있어야 한다. 그 부탁을 들어주는 조건으로 잘못된 부분을 고치도록 하여 29세, 30세 안에 완벽하게 바로 잡아 자식을 세상에 내보내면 어려움을 절대 겪지 않고 크게 성장을 한다. 그리하여 30대·40대에는 자식이 마음껏 인생을 펼칠 수 있게 된다.

이렇게 21세까지는 부모가 혼신의 힘을 다하여 자식을 키워야 하고, 21세가 지나 30세 안에는 키운 것을 분명히 점검해서 세상에 내보내야 한다. 그렇지 않으면 피눈물 흘리는 날이 반드시 온다. 지금 연세가 많은 부모들이 자식 때문에 전부 다 어려워진 데에는 분명히 이유가 안에 다 들어 있다. 이때까지는 세상에 자식을 그냥 내보냈으니, 자식들이 앞에 오는 일을 바르게 처리하지 못하여 갑갑해지고 어려워지고 힘들어지면 그것들이 전부 다 부모에게 돌아왔던 것이다. 그래서 지금 세상이 마비되고 있다. 이제는 이것을 바로 잡아야 한다.

우리가 인정을 베푼다는 것은 좋은 것이 아니다. 인정은 베풀지 않아도 스스로 있다. 그러니 항상 상대가 나에게 뭔가를 부탁하러 왔을 때 무조건 인정에 이끌려 그 부탁을 들어줄 것이 아니라 내가 그 상대에게 부탁할 것이 없다면 아직 그것을 들어주어서는 안 된다. 누구든지 나에게 무엇을 부탁하러 왔다면 나 역시도 그 상대에게 부탁할 것이 있어야 한다. 그런데 그 상대에게 부탁할 것이 하나도 없다면 지금은 그 부탁을 들어줄 때가 아닌 것이다.

그러니 냉철하게 한 발 빼고, 내가 그 사람에게 부탁할 일이 있는지 없는지부터 먼저 찾아라. 그래서 나도 부탁할 것이 하나 생기면 그때 "내가 그 부탁을 들어주되 내 부탁도 하나 들어주면 좋겠다" 하며 교류하라. 부모와 자식 간에도 이렇게 해야 한다. 그렇게 해서 부모가 자식을 위한다면 자식의 나쁜 버릇을 잡아 주려고 부탁을 할 것이다. 하지만 "내가 이것을 해 주면 너도 얼마를 주어야 한다" 이런 식은 아니다. 냉철함 속에는 진정으로 상대를 위하는 마음이 들어 있다. 겉으로 보기에는 냉정해 보이지만 그렇게 해야 상대의 나쁜 점을 고칠 수가 있다. 그러니 당장은 속이 쓰리고 하기 어렵더라도 냉철하게 행동해야 한다.

친구와도 마찬가지이다. 항상 어려운 자가 있으면 조금 나은 자도 있다. 그러나 이것은 다른 방법에서는 거꾸로 갈 수 있다. 그러니 경제가 어렵다고 하여 경제만 보면 안 된다. 저 사람은 경제가 어렵지만 나는 저 사람에게 말 못할 뭔가가 있을 수 있는 등 여러 가지가 섞여 있는 것이다. 그러니 친구로 교류할 때에는 서로의 부족한 것, 고쳐야 할 것을 조건으로 내세워 도움을 주고받고 해야 한다. 그렇게 상생이 되어야만 발전을 하게 되어 있다. 발전을 하기 위해 상생해야 친구가 되는 것이지 나 혼자 잘되자고 하는 것은 친구가 아니다.

그래서 인정으로 베푼다? 이 생각은 이제부터 접어라. 그리고 항상 교류하라. 교류를 할 때는 조건이 같이 있어야 하고 그것으로 인해 상생이 되어야 한다. 이렇게 하다 보면 냉철한 분별에 대한 맥락을 잡을 수 있을 것이다.

민족이여 깨어나라

PART FOUR
여성은 아름다워

16* 왜 아직도 IMF인가?

問

IMF가 지나면 경제가 나아지리라 생각을 했는데,
계속 경제는 어려워지고
어제까지 건강하던 사람이 암이라는 큰 중병에 걸리고
지금 모든 것이 급변하게 돌아가는 것 같습니다.
오늘이 정월 대보름인데 올 한 해 저희가 살아가는 데에
지침이 될 수 있는 좋은 덕담을 부탁드립니다.

答

먼저 즐겁고 재미있는 일부터 찾아라.

앞으로는 돈 벌려고 하지 말고 즐거움을 찾아라. 이것이 덕담이다. 즐거움을 찾고 나면 어려움이 저절로 해결된다. 내가 지금 뭔가를 하는 데에 아주 재미있고 즐거우면, 그 즐거움이 쌓여 질로 딱 변한다. 저 구름이 어느 순간 비로 변하듯이, 즐거움이 차면 그것이 질로 변해서 이때 뭔가 다른 기운을 불러들인다. 그렇게 해서 경제도 들어온다. 이처럼 경제는 네가 벌려고 달려든다고 오는 것이 아니다. 다른 분야도 마찬가지로, 이와 같이 순서가 있다. 네가 즐겁지 않고는 뭐든지 이루어지지 않는다. 그러니 즐거운 일부터 찾아라. 네가 지금 하고 있는 것이 즐거운지, 즐겁지 않은지를 분별하여 즐거운 일이라면 그것을 열심히 하고, 또 그러다 보면 너에게 다른 것이 온다.

이제는 우리 국민들이 사고의 방향을 틀어야 한다. 내가 재미도 없고 뭔가 답답한데 좋은 일이 온다? 그런 법은 절대 없다. 아주 신나게 일하고 있으면 다른 것은 저절로 온다. 그래서 그런 것들이 이루어진다.

작은 것이 작다고 하찮게 생각하지 마라. 작은 것이 그다음 큰 것을 부르는 것이지 작은 것을 놓고 큰 것만 쫓아가면, 10년 가도 네 발이 거기에 미치지 못한다. 작은 것을 바르게 함으로써 큰 것은 저절로 얻게 된다. 그래서 작은 즐거움을 아주 고맙게 생각하고 그런 일을 찾아야 하는 것이다.

질문할 때 IMF 이후에 잘살 것 같았다고 했는데, 이 사람이 나와 보니 IMF 사태를 너무 잘못 해결해 놓았다. IMF는 금 모으기 운동과 같은 방법으로 해결하는 것이 아니었다. 그때 만약 우리가 IMF를 잘 해결했다면 지금 우리 국민들은 춤추며 살고 있을 것이다. IMF 위기는 하늘이 우리에게 준 기회였는데 처리를 잘못 해버린 것이다.

IMF는 우리가 살아나가는 방향을 뒤집으라고 온 것이다.

그때까지 해왔던 우리들 방법대로 해서는 안 된다고 한 것인데 지금도 그 방법 그대로 가고 있다. 위기를 기회로 삼아 삶의 질량을 바꾼 것이 아니라 큰 공장과 작은 공장을 합병시켜 더 크게 만들고, 큰 것이 경쟁력이 있다고 큰 것이 작은 것을 전부 다 먹어버리고, 조금만 부실해도 전부 다 없애버리고, "어렵지만 조금 있으면 나아진다, 참자" 하면서 끌고 가버렸다.

　이 IMF 위기라는 것이 외화가 모자라서 온 것인데 금을 모아 얼마나 해결되겠느냐? 손톱의 때만큼도 안 된다. 그것을 모아서 해결한 것이 아니었다.

　우리의 신용이 땅에 떨어지고, 엄청난 손실을 보면서도 비굴하게 외국에서 꾸어 결국 덮었는데 이것을 잘못 덮어버렸던 것이다. 대충 덮어 급하게 해결할 것이 아니라 완전히 드러내 놓고 '우리 국민이 지금 왜 이런 일을 겪어야 하는가, 거품이 있으면 거품을 놓고 우리가 무엇을 잘못했기에 지금 이런 일이 오는가?'를 연구하고, 그 치유방법을 바르게 찾아내었어야 했다.

　그런데 우리가 이것을 똑바로 찾지 못했으니 그 후 어떠한 결과가 나왔느냐? 지금 이 나라가 가는 방향이 옆으로 돌아가고 있다. 88올림픽 전까지 열심히 일한 것이 88올림픽 이후에 업(up)이 되어 벌써 방향이 바른 길로 들어졌어야 했는데….

88올림픽 전까지 우리는 3D(Dirty, Dangerous, Difficult)업종으로 일어났다. 70% 이상이 3D업종에 매달려 일하면서 성장을 해왔고, 30%는 중공업을 준비하고 있었다. 그랬는데 올림픽이 딱 지나면서 어떻게 되었느냐? 3D업종의 기술이 100% 완성되고 우리는 중공업 시대를 열었다. 중공업 시대가 열렸다는 것은 중공업 기술이 전체에서 70%에 다다르고 있었다는 것을 의미한다. 그런데 이 중공업 시대를 열어가기 위해서 완성된 3D 업종을 처리했어야 하는데, 그것을 모르고 그냥 붙들고 있었던 것이다. 그러다 보니 그때부터 꼬이기 시작했다.

어떻게 꼬였느냐? 지금 우리 국민들이 3D업종 일을 하지 않으려고 한다. 3D업종의 기술은 우리가 완성을 시켜 놓았음에도 불구하고 국민들이 이 일을 안 하려는 것이다. '그렇다면 왜 국민들이 이 일을 안 하려고 할까?' 이 원리를 찾아냈어야 하는데 그것을 찾지도 못하고 이 업종을 계속 가지고 있으면서, 못 사는 나라에 기술을 가르쳐 준다는 명목으로 외국인 근로자를 이 나라에 몇십 명 데리고 온 것이다. 실제 속내는 중소기업들이 3D업종을 계속 붙들고 있는 상황에서 일꾼은 없지, 망하게 생겼으니까 그 일꾼들을 데리고 온 것이다. 그렇게 일을 시키다가 다음 해에 70명 데리고 오고, 그다음 해에 400명 데리고 오고, 또 그다음 해에 2000명 데리고 오고, 막 이런 식으로 계속 데리고 왔다.

그런데 이 땅에 들어온 그들이 어떤 사람이냐? 외국에서 잘사는 사람이 들어오는 것이 아니라 못 사는 나라에서도 제일 못사는 사람들이 들어왔다. 그런 사람들이 이 나라에 들어와서 지금 판을 치고 있다. 처음에 몇천 명 들어왔을 때는 몰랐는데 몇만 명, 몇십 만 명, 지금은 백만 명이 훌쩍 넘는다. 그런데 그 결과가 어떤 일을 자초하고 있는지 우리는 아직도 모르고 있다.

88올림픽이 끝나고 나서 우리가 3D업종 처리를 바르게 했다면, 이 나라는 엄청난 발전을 했을 것이다. 그런데 이 3D업종을 가지고 있는 바람에 전부 여기에 매여 다른 일은 하지도 못했던 것이다. 과감하게 쓸어버릴 것은 쓸어버렸어야 했다. 그것도 똑바른 방법으로 쓸어버렸더라면, 또 스승이라든지 지도자가 잘 이끌어서 처리를 해냈더라면 이 나라는 지금과는 완전히 달라졌을 것이다.

그 당시 이 나라는 먹고살기 위해서 노력을 하다 보니 3D 기술이 발전되었고, 다른 나라들은 이 기술도 없어 그것이 꼭 필요할 때였다. 즉, 우리는 그때부터 이 일을 안 하려고 했지만 다른 나라들은 이 일만 해도 "감사합니다. 하느님~" 하는 기술이었다.

그런 나라가 어떤 나라들이냐? 현재 기아로 굶어죽는 나라들이다. 이 기술을 가지고 정확하게 그 나라에 가서 그 사람들에게 일을 시키면서 발전시켰더라면 이 사업은 대성했다. 88올림픽 이후 지금까지 20년 동안 그런 일을 했더라면 이 나라 뿐만 아니라 그 나라 사람들의 일자리 창출은 물론이고, 거기에서 생산해서 그 주위 나라들에 공급하는 시스템이 바란스(balance)를 맞추어 나갈 수 있었다.

그런데 그런 깊이를 못 보고 우리가 가지고 있는 기술이 진짜 우리 것인 줄 알고 우리가 엉거주춤하게 들고 있다 보니까 이 세상에 엄청난 결과를 빚어버렸다. 그래서 이 나라에 일하러 오는 외국인 근로자의 수가 늘어난 것처럼, 지금 인류에 기아로 허덕이며 굶어 죽는 사람의 수가 늘어나고 있는 것이다.

그리고 지금, 후진국에 사는 사람들까지 너도나도 국제사회로 일거리를 찾아 나서면서 인류의 질서가 무너지고 있다. 이런 원리를 잘 풀어 정확하게 잣대를 갖다 대면 기가 찬 것들이 발견된다.

세계를 살펴보면 위의 30%는 선진국이고 아래 70%는 후진국인데, 우리는 딱 70% 선에 위치해 있다. 즉, 선진국의 밑바닥에 있고 후진국의 제일 머리 위에 앉아있는 것이다.

그러면 이 위치가 무엇을 이야기하느냐? 우리는 후진국의 우두머리라는 얘기이다. 이 우두머리라는 말이 이해가 가면 후진국은 우리가 이끌어 주어야 한다는 말이다. 그리고 선진국의 제일 밑바닥에 있다는 것은 이제 선진국을 쳐다보면 그 나라들을 안다는 것이다. 그런데 우리가 우리의 할 일을 못하고 있다. 즉, 우두머리로서 후진국들을 바로 이끌지 못하고 있으니까 우리는 힘을 못 쓰는 것이다. 후진국을 바르게 이끌면 그 나라들이 전부 다 우리 편이 된다. 이 70%가 약하기는 하지만, 다 우리 편이 되면 30% 선진국들의 힘과 똑같아진다.

우리가 기술 개발을 할 때까지는 그만큼 성장을 한다. 그러나 개발을 하고 나서 그다음 단계로 도약을 하면, 그 밑의 기술은 후진국에 가지고 가서 거기서 사업을 일으키면서 그 나라 사람들의 일거리를 늘려주고, 자꾸 우리 뒤를 따라오게 이끌어 주어야 한다. 이렇게 3D 기술로 후진국을 이끌고 나갈 동안에 안에서는 중공업을 성장시키고, 그것이 다 성장하면 또 중공업 기술을 후진국에 가지고 가서 쓰고, 그렇게 하면서 70% 아래의 후진국들 수준을 끌어올려야 하는 것이다. 그렇게 해서 계속 우리와 연결되어 있으면 그 나라들도 발전하고 그것이 우리에게는 힘의 바탕이 된다. 즉, 우리가 개발한 기술을 가지고 가는 것은 선진국에 팔아먹으려고 하는 것이 아니라 후진국들에게 발전할 수 있는 발판이 되어 주기 위함이다. 그러면 우리 시장은 어마어마해진다.

또 이렇게 중공업을 후진국에 깔아줄 때에는 한편으로는 선진국의 최첨단 기술을 30% 이상 우리가 만져 들어간다는 말이 된다. 이런 식으로 자꾸 계단을 타고 올라갔어야 하는데 이 생각을 못하고 우리에게 들어온 것을 전부 다 우리가 그냥 붙들고만 앉아 있었다. 우리 기술이라는 이름하에!

지금 3D 업종 뿐만 아니라 그다음 중공업도 어색하게 붙들고 앉아있으면서 첨단 기술을 만진다고 하고 있는데, 이것이 과연 바르게 돌아가느냐? 절대 바르게 안 돌아간다. 한 단계 올라가면 그 밑의 것은 후진국에 가서 널리 쓰이게 하고, 우리는 또 다른 것을 만져 나가야 하고 더 위에 올라갈 때에도 또 그것이 널리 쓰이게 만들어 우리는 또 더 위의 것을 했어야 한다.

지금 우리에게 들어온 지식과 기술은 우리 것이 아니다. 원래 2차 대전 이후로 우리에게 들어온 정보와 기술은 전부 인류사회가 수천 년, 수만 년 동안 한 세대, 한 세대 살아가면서 빚어 놓은 지식과 에너지가 질량으로 바뀌어 뭉쳐진 것이다. 이 해동 대한민국에 6.25 전후부터 88올림픽까지 36년 동안 그 씨가 다 들어왔고, 그 씨를 만들 때까지 인류가 몸부림을 치며 울었다. 즉, 한을 남기면서 생산한 오만 가지 기술, 오만 가지 논리, 오만 가지 사상, 오만 가지 지식의 씨앗이 이리로 다 들어왔다는 말이다. 이렇게 들어온 것을 우리는 지금 우리 것이라고 착각하고 있다. 그러나 이것은 인류사회의 것이다. 우리는 이것을 가지고 연구하고, 분석하고, 발전시켜 이렇게 오늘날에 완제품으로 만들어 한 개, 두 개 꺼내기 시작했을 뿐이다. 우리가 이 완제품을 가지고 어떻게 써야 바르게 잘 쓸 수 있을 것인가, 이것이 인류사회에 얼마나 필요한 것인가, 이런 생각을 하는 인류의 지도자 품성을 가져야 되는데, 욕심을 부려 우리만 잘 먹고살려고 하다 보니까 눈이 감겨버린 것이다. 그래서 지금 우리에게 지혜가 나오지 않고 있다.

IMF 사태는 한 방 두드려 맞았으니 다시 생각해 보아야 할 때였다. 우리가 지금 가는 방향이나 체제를 다시 한 번 흔들어 정리를 해야 하는 그런 시기였는데, 이것을 모르고 그냥 덮고 나니 지금 아무것도 해결된 것이 없다. 그래서 시간 지나니까 다시 조그만 충격에도 넘어지고, 조그만 충격에도 또 엎어지고…. 이대로 가면 인류사회의 충격이 올 때마다 우리는 그 소용돌이 속에서 어려움을 계속 겪게 된다. 금융에서 오는 충격에 못 견디고, 최첨단 기술 경쟁에서 오는 충격에도 못 견디고 엄청난 딜레마에 빠진다.

우리가 IMF를 잘 봉했다고 하는데 그야말로 봉해 버린 것이다. 그 안에 있는 상처의 깊이를 잘 파헤치지 못하고 그냥 꿰매 버린 것이니 어찌 해결이 되겠느냐? 이것을 전부 다 분석하려면 다시 찢어 열어야 한다. 그리고 하나하나 바르게 정리하여 전부 다 제자리에 나열시켜야 길이 나온다. 길! 그래서 이 사람이 IMF 금 모으기는 하나의 쇼밖에 되지 않았다고 말하는 것이다. 그런 식의 알팍한 생각으로 해결되는 것이 아니다. 그것을 가지고 국민의 단합이라고 자랑하는데 공짜로 내놓으라고 했으면 내놓았겠느냐? 돈으로 쳐준다고 하니 내놓았지. 그런데 그것이 뭐 그리 큰 자랑이냐? 금 모으기 운동을 했어도 진짜 큰

금은 하나도 안 나왔다. 재산 증식을 위해 쌓아놓은 금은 하나도 안 나오고 애들 돌 반지만 우르르 나왔다. 여기에서 우리가 잘 봐야 한다. 올바른 일이었으면 그렇게 나오지 않을 리가 없다. 그리고 그 당시에 금 모으기보다도 돈을 더 끌어내려면 오히려 "달러 있는 것 다 내놓으십시오"라고 했어야 된다. 그때가 어떤 때였냐면 올림픽 지나고 GNP가 막 올라가니까 전부 다 괌으로, 동남아로, 중국으로 곰 발바닥 사먹으러 가고, 코브라 눈깔 빼먹으러 가고, 달러 가지고 어깨 힘주고 다니면서 별의별 짓을 다 하고 막 돌아다닐 때였다. 그래서 구석구석 지갑에 달러를 넣어놓고 뽐내고 이러면서 달러 넣어놓은 것마저도 잊어버리고 살던 때였다. 그러니 오히려 "집에 있는 달러를 싹 끌어내어 국민의 힘을 모읍시다" 이랬으면 금보다도 20~30배는 더 나왔다. 개인이 달러 그 종이조각 가지고 뭐하려고? 개인이 한 두 개씩 넣어 놓은 달러는 힘이 안 되지만 이것을 다 끌어모았을 때는 국가의 힘이 된다. 돈 회전이 안 되어 터져 버린 IMF니까. 오히려 모으기를 하려면 그런 데에 눈이 밝았어야 했다. 물론 그것 역시도 근본 해결책은 아니지만.

세상은 지혜로 보아야 이끌 수 있다. 지식으로는 세상을 이끌 수 없다. 그래서 그런 방안들이 안 나온 것이다.

　지도자들이 뭔가를 하기 위해 스님도 찾고, 신부님도 찾고, 목사님도 찾고, 도인도 찾고 했으면 그 사람들이 지금 세상이 이러하니 이런 방향으로 가야 한다고 일러주고 이끌어 주어야 하는데, 이런 사람이 단 한 명도 없었던 것이다. 대통령이 잘못한 것이 아니다. 대통령은 거기까지 보는 것이 전부이다. 정신적인 지도력을 가지고 있는 사람들, 정신적으로 자신을 닦고 대자연을 공부했다는 사람들, 이런 사람들이 지혜를 열어 세상을 볼 줄 알아야 한다. 위기가 왜 왔고, 이때가 기회이고, 이럴 때 크게 일으켜 내면 이 세상이 달라진다고 가르쳐야 했다. 그렇게 국민 삶의 질량을 업(up) 시켜야 되는 때, 뭔가 혜안을 열고 이끌어 주었어야 될 사람은 하나도 나오지 않고 지금까지도 잔재주나 부리는 사람들만 나와 있으니…. 그래서 아직까지 숙제를 못 풀고 IMF 여파가 지금까지 오고 있는 것이다. 이제는 이러한 것들을 바르게 풀 때가 되었다.

　이것을 푸는 방법은 어떻게 가닥을 잡아야 하느냐? 우리의 잘못으로 발생한 것부터 해결을 해야 한다. 큰 것부터 하나 예를 들면, 인류에서 기아로 허덕이며 죽어가는 사람들은 다 우리 때문이다. 지금 답부터 말하는 것이다. 이해를 하든, 못하든 나중에 다 자세히 풀어주겠지만.

인류가 기아로 지금 죽어가고 있는 것은 우리가 할 일을 바르게 하지 못한 즉, 우리가 이 후진국들을 제대로 이끌지 못한 책임이다. 따라서 이 사람들이 기아로 죽어가는 것을 우리가 중단시켜야 한다. 이것을 중단시킬 때 우리의 실력을 세상에 알리게 된다. 지금은 우리의 실력을 누가 알아주지 않는다. 우리 때문에 일어난 이 일을 정리할 수 있을 때, 우리의 실력이 인류에 드러나게 된다. 이 나라를 바르게 이끌어 갈 지도자 즉, 스승이 나온다면 이것부터 해결해 내야만 한다. 그러면서 우리 국민 중 실업자가 단 한 명도 없게 만들어 내야 한다. 그래야 실력을 인정받게 된다.

이제 어지간한 실력으로는 인정받지 못한다. 왜? 이미 앞에 다 나와서 오만 것을 실력이라고 했기 때문에 웬만한 것 가지고는 마음들이 하나로 뭉쳐질 수 없고, 인정해 줄 수 있는 사람으로 보이지도 않는다. 하느님이 착 내려와 앞에 앉아 있다면 모를까. 그러나 하느님이 내려와 앉아 있어도 실력을 인정하지 않는다. 왜? 아무도 하느님을 모르지 않느냐? 모르니까 와 있어도 하느님이라고 믿지 않는 것이다. "내가 하느님이다" 이런

다고 믿어줄 것 같으냐? 이제는 실력을 국제사회에 인정받으려면 이 세상에 꼬인 것을 풀어내야 하며 우리 때문에 일어난 것을 정리해 내야만 한다. 이것이 1차적인 것이다. 그럴 때 국제사회의 신용을 얻을 수 있다.

이 나라가 국제사회에 신용을 얻지 못하면 통일은 절대 이루어지지 않는다. 이 나라를 남북으로 갈라놓은 것이 우리가 한 것이더냐? 아니다. 국제사회가 갈라놓은 것이다. 6.25 전쟁을 치르면서 국제가 다같이 피를 흘렸으니 저들에게도 간섭할 권리가 있는 것이다. 그래서 우리끼리 조금이라도 잘해보려고 하면 가만 놔두지 않는다. 그렇기에 국제사회에 신용을 얻을 때만이 자연적으로 우리가 통일을 이룰 수 있는 길도 열린다.

그런데 국제사회에 신용을 얻으려면 어떻게 해야 하느냐? 조그만 일을 해서는 안 되고 이때까지 하지 못하고 누적된 것부터 해야 한다. 그러면 이 누적된 것이 무엇이냐? 지금 인류 기아가 할 일을 제대로 못한 우리 때문에 일어났다고 이해한다면 이 나라에 실업자가 이만큼 많이 생기는 것도 그 안에 답이 있다. 또 노사 갈등, 환경문제나 구제역같은 것도 마찬가지이다. 왜? 우리가 수준 높은 삶을 못 살고, 먹고살려고만 했으니까. 모든 것들이 여기에 전부 다 대추나무에 연 걸리듯 연결되어 있는데 이 한 가닥을 못 풀고 있는 것이다.

이 가닥을 풀어 인류에 득이 되는 일을 하는데 앞장서야 할 사람들은 지금 50대 안팎의 지식인들이다. 그 지식인 한 사람이 어떻게 만들어졌느냐? 우리 국민이 피와 땀을 짜면서 열심히 일해 만든 경제를 위로 다 올려주어 지식인 한 사람, 한 사람을 만들어 냈다. 예전에는 집안에 대학 나온 사람이 하나도 없던 집도 있었고, 무슨 대학에 들어갔다고 하면 동네에서 플랜카드까지 걸었다. 그 정도로 지식인 한 사람 만드는 데에는 백성들의 피와 땀을 그만큼 희생해야만 가능한 것이다. 대학만 나온 사람도 그러한데 외국 유학까지 가서 공부 더 하는 사람을 만들기 위해서는 더 많은 에너지가 필요하다. 거기에 더해 박사가 되고도 더 공부하는 사람이 있다면 백성들 피와 땀이 더 지원되어야만 가능한 것이다. 이렇게 해서 전부 다 피와 땀을 올려주었는데 여기서 나오는 것이라고는 지적인 것이 안 나오고 양적인 것 즉, 일반 국민도 생각할 수 있는 것밖에 생각을 못한다면 엄청난 일이 벌어진다. 말하자면 주식에 모두 투자했는데 깡통을 찬 꼴이 된 것이다. 그래서 이 국민들이 지금 이렇게 어려운 것이다.

그리고 88올림픽 끝나고 나서 어떤 일이 벌어졌느냐? 전부 다 종교에 쫓아가고, 수련하는 데에 쫓아갔다. 불교도, 기독교도 그때부터 왕성하게 커졌고 저 대형 교회들이 그때 다 지어졌다. 88올림픽 이후 20년 안팎에 절간도 엄청나게 크게 지었고, 그때 대들보도 엄청나게 갖다 날랐다. 우리 부인들 정신차려야 한다. 집에는 전부 다 거짓말 시키고 절간에 가서 막 절하면서 "스님"하며 갖다 바치고 교회에 가서 "목사님"하며 가져다주지 않았느냐? 그렇게 해놓으니 절간에서, 교회에서 어떻게 했느냐? 땅만 늘리고 세력만 늘렸다. 내 신도(信徒) 몇 명 이러면서. 내 신도라는 것이 다른 말이 아니라 나에게 돈 갖다 주는 사람이란 뜻이다. 제발 정신 차려라. 그래서 절 팔 때는 머리 수 헤아린다. 신도 머리 수! 1년에 수입이 얼마나 들어온다는, 사람 하나에 얼마씩 들어오니까 이 사람은 큰 손, 이 사람은 중간 손, 이 사람은 작은 손이라 하며 큰 손은 얼마씩 치고 계산해서 "몇 년이면 충분히 본전 뽑는다" 이러면서 파는 것이다. 아이고, 참말로.

지식인들이 무식한 짓을 그렇게 하고도 지금 얼굴 뻔뻔하게 내놓고 잘한 것 마냥 생각하고 있는데 그러고도 안 어려워지기를 바란단 말이냐? 국민이 뒷받침을 했으면 이제 빛이 국민에게 와주어야지. 한군데로 에너지를 모아준 것은 참 잘한 것인데 에너지를 모아주었으면 그 에너지를 가지고 잘 써서 빛을 내어 국민에게 다시 환원을 해야 되지 않느냐?

  돈으로 다시 달라는 것이 아니다. 국민은 가는 길을 모르니 배운 지식인들이 그 방향을 연구하고 제시해주면 이것이 국민에게 빛이 되는 것이다. 아이고, 이 답답한 양반들아!

  전부 다 울상을 해서 이 사람에게 오면 어떻게 하느냐? 종교에 전부 다 퍼주고서 병 걸리고, 집안 쪼개지고, 얼굴은 시커멓게 썩어가지고 이 사람에게 오면? 저들이 못 풀어주고 다 내버려 이 사람에게 오는데, 그렇게 온 사람들에게 이 사람은 "너희들은 천손이다" 이것부터 가르친다. 어디 절간에 가져다주었든, 교회에 가져다주었든, 사기를 당했든 다 좋은데 그런 사람들에게 이 사람이 가르치는 소리가 "너희들이 천손이고 인류의 지도자다"라고 가르치는 것이다. 다 찌그러졌으니까 그 소리가 감당이 안 되겠지만 그것부터 알아야 한다. 네가 누구인 줄 알아야 이 사회에 어떻게 살아야 될 사람인지도 알고, 어떻게 살아야만 네 인생이 즐겁게 살아지는 지도 알 것이 아니냐? 또 그렇게 해야 바르게 사는 법도 나오고, 바르게 삶으로써 네가 어려워지지 않게 살 수 있는 길도 나오는 것이다. 그러니까 "너는 애 엄마 아니냐?" 이런 조그만 것부터 가르쳐서 언제 꼭대기까지 가겠느냐? 이 사람이 가르치는 것은 작은 것을 배우라는 것이 아니라 너의 주체부터 먼저 알라는 것이다. 너는 인류의 지도자로 태어났고, 네가 세상에 경험한 모든 것은 나중에 인류를 이끌 때 거름으로 쓸 수 있는 것이니 지금부터라도 너희들은 이 세상을 위해서 내가 무슨 힘이 될까, 남은 시간이라도 이 세상을 위해서 내가 어떻게 모든 것을 불태울 수 있을까, 이런 생각을 가지고 살아야 한다는 것이다. 그렇게 사는 사람들이 큰 사람들이다. 큰 사람이 "내일 모레 얼마를 좀 벌어야 되는데…" 이래서야 되겠느냐?

내 인생을 불태우는 것은 100년 안팎으로 누구에게나 똑같이 주어졌다. 그런데 이 세상을 걱정하고 세상을 위해서 노력하면서 사는 사람은 지혜가 열리고 또 그만한 힘이 생긴다. 그러나 먹고살기 위해서 사는 사람은 지혜나 그만한 힘이 생기지 않는다. 그러니까 절간에 뭐를 퍼다 줬든, 기도를 올렸든, 어떤 노력을 했든 그것은 이 사회가 그만큼 나아지고, 그 나아진 사회에 내 자식들이 살게 하기 위해서가 아니었더냐? 그렇게 보면 당신들은 위대한 사람들이다. 그러나 그 기름진 길을 가다가 무언가가 잘못됐을 때 우리는 실력 발휘도 해야 되는 것이 아니냐?

지금까지는 선지식이 안 나왔다. 세상을 바르게 이끌어 줄 수 있는 스승이 안 나왔다는 말이다. 종교인들은 국민이 피땀을 짜서 올려준 것으로 공부를 열심히 했다고 하지만, 이 세상을 바르게 이끌어 줄 수 있는 그런 공부를 한 것이 아니라 재산증식을 해버렸다. 그러니 이 세상을 바르게 잡아줄 사람이 없는 것이다. 국민들이 그동안 물자를 너무 많이 가져다주어 버렸다. 물자만 갖다 준 것이 아니라 묻는 게 많았어야 했는데…. 국민이 찾아갔으면 물어야지. 물었는데 속 시원한 대답을 못하면 질책도 하고 나올 줄 알았어야 하는데, 그렇게 안 하고 그냥 가져다 퍼주고, 저기다 절하라 하니까 "예" 하고 그냥 절하고, 저쪽에 빌라고 하니까 빌고, 촛불 켜라고 하니까 촛불 켜고, 죽은 망자 이름 써 올리고 돈 내놓으라고 하니까 돈 주고 이름 써 올리고, "네 자식 합격되게 해줄게" 하니까 시키는 대로 다 했던 것이다. 이것은 그냥 박수하고 논 것이다. 그 사람이 박수지 어찌 스승이 되겠느냐? 지금 세상이 전부 다 이 모양이다. 지금이라도 바로 잡아야 한다. 안 잡으면 도저히 방법이 없다.

그래서 이 사람이 거지 옷 입고 다니며 몇 년 동안 세상 점검을 다 했고 기운도 다 살폈으니 이제는 특수한 방법으로 다스려 나가야만 되겠다는 것이다. 즉, 이때까지 꼬아놓은 것을 지금부터 풀어나가려고 하는 것이다. 이 사람이 일단 시작을 하면 몇 년 걸리지도 않는다. 지금 지도자들이 전부 다 뭔가를 찾고 있는데 해결책을 제시하는 사람이 없는 것뿐이다. 바르게 제시를 해주면 그 사람들의 마음에 딱 들게 되어 있다. 마음에 드는 걸 꺼내 주어야 그것이 답이 된다.

이 나라를 이끄는 사람들, 기업의 회장들, 대통령 될 사람들, 이런 사람들이 마음에 드는 것을 내주어야 한다. 그 사람들은 그 자체가 센서(sensor)이다. 모르기는 해도, 깨치지는 못했지만, 정확한 것을 딱 내주면 바로 안다. 이것을 기다렸기 때문이다. 그것이 1급이다. 1급 중에서도 초특급들은 스스로 뭔가 기다리고 있다. 그래서 한방에 해결할 수 있는 것을 가지고 와야 그것만 마음에 딱 들어한다. 어지간한 것은 마음에 안 든다. 한방에 해결하는 것은 다른 것이 없다. 기업인일 경우 그들이 기업을 바르게 운용할 수 있는 길을 제시해주면 된다. 기업인들이 존경받으면서 기업을 멋지게 운용할 수 있는 길! 그들도 존경받아야 되지 않겠느냐? 기업인들이 존경받지 못하면 이 사회는 무너진다. 왜? 국민의 에너지가 거기에 다 모여 있기 때문이다.

그런데 그런 기업인들이 지금 무엇을 하고 있느냐? 장사만 하고 있다. 즉, 기업인들이 장사꾼이 되어 버렸다는 말이다. 국민이 피땀으로 전부 다 기운을 몰아 기업을 만들어 주었는데 장사꾼으로 변해버린 것이다. 그러니까 국민에게 지금 존경을 못 받는 것이 당연하다. 기업은 이윤 창출하는 것이 생명이라고 하고 있으나 그것도 뭔가가 아닌 것이다.

이제 기업인은 사업가로 변해야 한다. 일찌감치 장사치가 아니라 사업가로 변했어야 한다. 그런데 기업이 뭔지, 장사가 뭔지, 사업이 뭔지 정확한 개념도 모르고 있다. 지금 이것을 못 풀고 있다. 사업과 장사는 다르다. 내가 이 조직을 이끌고 가는 데 이익 창출을 하는 것이 장사라면, 사람을 널리 이롭게 하는 일이 사업이다. 그래서 사업은 성장이 엄청나게 빠르다.

그리고 사업가는 널리 사람을 이롭게 하면서 성장을 하니까 존경을 받고 장사꾼은 사람을 이롭게 하는 것이 아니고 내 이익 창출을 하는 데에만 온 힘을 다 쏟으니까 존경을 받지 못한다.

이제는 인류 기아를 없애고, 사업가를 만들어야 하고, 이런 것이 지식인들인 우리가 해야 할 과제이다. 이미 IMF때 이에 대한 답을 풀었어야 했다. 그런데 그것을 손도 못 댄 것이다. 그래서 이제는 말로만 자꾸 할 것이 아니라 이 사람이 대안을 만들고 정리를 해주어 그렇게 할 수 있도록 전부 다 이끌어 주는 작업을 지금 준비하고 있다. 책을 쓰고 보고서를 작성해서 회장이나 지도자들에게 전부 다 내어주어 그들이 자신의 몫을 제대로 하게 할테니, 개개인은 처음에 일러둔 것처럼 각자의 자리에서 재밌고 즐거운 일을 찾아 열심히 그 일을 하도록 하라.

민족이여 깨어나라

17 * 사기당했다

問

몇 년 전 믿었던 사람에게 돈을 맡겼다가 크게 떼인 적이 있습니다.
그래서 배신감에 건강까지 상해서 지금 몸이 많이 불편합니다.
그리고 아직도 그 생각만 하면 화가 나는데,
어떻게 하면 이 마음이 다스려질 수 있겠습니까?

答

사기는 내가 모자라서 당하는 것이다.

믿었던 사람에게 사기를 당했으니 힘들었겠지만, 분명히 잘못한 자가 화가 난다.

내 가슴이 아프다? 그러면 분명 내가 잘못한 것이다. 잘못한 자가 가슴 아픈 것이지 잘한 자는 절대 가슴이 아프지 않다.

만약 내가 당신 것을 도둑질했다고 하자. 그러면 나는 가슴이 아프지 않다. 오히려 한 건 했다고 좋아 죽는다. 사기 치는 것도 마찬가지이다. 사기 치는 자는 작업에 성공했으니 신이 난다. 그런데 누가 가슴이 아프냐? 사기를 당한 사람이다.

그러면 그 사람이 왜 당했느냐? 마인드가 상대보다 모자랐기 때문이다. 얼마만큼 모자랐느냐? 예를 들면, 내가 돈을 자꾸 모으는데 그 돈이 얼마나 모였냐면 나에게 주어진 만큼 들어와 모았다. 여기는 3차원이니까 지금 피라미드로 비유하자면 제일 위의 꼭지점까지 딱 돈이 모인다. 그렇게 돈을 모을 때에는 돈이 모이는 것을 보고 좋았을 것이다. 그러나 그 뒤 어떤 일이 벌어지느냐? 돈을 딱 모으고 나면 상대가 정확하게 온다.

돈으로 모았든, 지적으로 내 마인드를 키웠든, 정확하게 내 질량이 찬만큼 딱 올라오면 상대가 교류하러 온다. 이것이 대자연의 법칙이다.

이때 상대는 무엇을 보고 오느냐? 제일 부피가 많은 것을 보고 온다. 돈이 많으면 얼마 있다는 것을 알고 그것을 대작하러 오는 것이다. 그런데 돈만 모았지 나 자신에게 투자를 하지 않아 마인드가 지금 성장을 못해, 가지고 있는 돈의 질량보다 밑에 있다? 상대는 부피의 질량에 정확하게 맞추어 와서 교류를 하기에 차이 나는 딱 그만큼 정확하게 내가 당하는 것이다. 나의 지적 마인드는 키우지 않고 돈만 모았으니 안 당하고 배길 재간이 없다.

내 마인드가 높다면 어떻게 낮은 데에 당하겠는가?

질량의 크기에 맞게 왔는데 내 질량이 상대보다 아래이니 당하는 것은 당연하다. 그래서 실컷 모아놓고 빼앗기는 것이며 지금 다 이렇게 되어 망하는 것이다.

돈은 부피가 딱 되면 정확하게 상대가 '네가 그 돈을 잘 **건사**할 수 있는가, 아니면 그것을 건사하지 못할 것인가?'를 대작하기 위해 시험치러 온다. 이때 오는 상대가 바로 사기꾼이다. 그러므로 지금 말하는 사기꾼은 정확하게 말하면 사기꾼이 아니라 시험관이다. 이 시험관이 와서 딱 테스트를 하니까 정확하게 빼앗기게 된다. 그리고는 "새로 다시!" 이러고 싹 걷어 가버리는 것이다.

그런데 우리는 내가 당했다고 상대를 욕하지? 그러면 그때부터 내 건강이 무너진다. 담당관이 와서 나를 테스트하는 중에는 즉, 교류할 때에는 건강이 무너지지 않는다. 그때는 기분이 딱 충만하고 좋다. 그러나 딱 당하는 그 순간부터, 그 담당관을 미워하게 되고 그때부터는 내 건강도 무너지기 시작하여 혈압도 높아지고 당 수치도 높아지고, 탁한 기운이 전부 다 몰려와서 병이 나게 된다.

이렇게 해서 대자연의 기운도 흩뜨리는 것이다. 즉, 내가 탁하면 내 주위의 기운을 흩뜨리게 된다. 이렇게 전부 다 전염되어 사회가 망조 들기 시작하는 것이다. 이러한 모든 것은 자기 잘못을 모르는 데에서 비롯된다.

이 사람은 사기꾼이 이 사람의 것을 사기 치고 가면 그렇게 고마울 수가 없을 것이다. 어차피 치고 갈 것이라면 오히려 빨리 좀 치고 가라고 한다. 그래야 빨리 깨게 될 테니. 그런데 이 사람 것은 절대 사기 치지 못한다. 왜? 하나도 안 가지고 있기 때문이다. 이 사람은 돈을 아예 안 갖고 있다. 그러니 사기는커녕 어떻게 시험관을 보낸다고 해도 뭐 어디 가져갈 게 있어야지.

이 사람이 늘 말하지 않느냐? 백화점에 다 놓아두고 쓰라고. 그리고 집에 다 가져다 놓으면 시험관이 분명히 시험 치러 온다고. 그러니 거기에 놓아두고 써라.

내 주위의 사람들이 아주 살기 좋아야 되는 것이지 내가 살기 좋아서는 안 된다. 내 주위의 사람이 살기 좋으면 나는 스스로 살기 좋아진다. 그러니 많이 가진 놈만큼 등신이 없다. 이는 시험관을 스스로 부르는 중이다.

사기 치러 오는 시험관이라 하니까 무슨 사업하다가 돈 꾸어

가서 안 갚는 것만 사기인 줄 아는데 그것 뿐만이 아니라 사기꾼에도 오만 가지가 있다. 다시 말해, 오만 가지 시험관이 다 있다는 소리이다.

당신들이 돈을 조금 벌어 놓아 보아라. 그러면 분명히 귀신을 팔며 오든지, 박수가 하나 오든지 하여 뭘 하라고 한다. 그러면 그때 내 마인드가 작으니까 어떻게 되느냐? "아, 예. 예. 그렇습니까?" 이러고 돈을 덜렁 주어 버린다. 그것이 바로 당하는 것이다. 그것도 하나만 당한다고 생각하면 큰 착각이다.

내 마인드가 작으니 "저쪽에다 절을 짓는데 시주를 하면 참 좋아집니다" 이런 말을 듣고 정말 절 지어주면 부자되는 줄 알고 절 짓는데 주어 버리고, 천도하면 좋아진다 하니 좋아지려는 욕심에 천도한다고 돈 주어 버리고, 하느님 궁전 짓는 데에 내놓으면 좋아진다 하니 거기에 내놓고, 목신한테 빌면 좋아진다 하니 거기도 주어 버리고…. 이 사람이 보니 돈은 목신이 아니라 그들이 가져 가더구만. 그러면서 또 사업한답시고 사기당하고…. 그래서 만날 당하는 것이다.

여기서 더 자세하게 들어가면, 사기당하는 것은 그 기운에 내가 진 것이다.

우리는 이때까지 당하고 살았는데 어디에 당할 때에는 욕을 하며 당했고, 어디 가서 당할 때는 "예, 예~"이러고 합장을 하며 당했다. 더욱이 이때는 또 당하고 나서도 욕커녕 합장에 절까지 하며 고맙다고 했지 않느냐? 이 모든 것이 다 사기이다. 아이고~ 참말로. 자식들에게 부끄럽지도 않느냐? 사기당했다는 말은 원래 사기(邪氣) 즉, 사악한 기운에 내가 당했다는 소리이다. 다시 말해, 정기(正氣)가 아니라 사기에 당했다는 것으로 내가 모자라서 당하는 것이다. 교육을 빙자하고 이 불상이 어쩌니 저쩌니 하며 좋은 말로 포장하니 그냥 주어 버리는 것이다. 내가 어두워지면 욕심의 분별로 막히게 된다.

그러니까 이 사람이 늘 말하지만 당신들이 이 사람 앞에 왔을 때에는 무엇인가 얻으려고 왔고, 몸이 아프니 나으려고 왔고, 어려우니 어려움을 풀려고 왔다. 어떻게 왔던 간에 일단 왔으니 이 사람이 바르게 가르쳐 주지 않더냐?

육신을 아프게 하거나 어렵게 해놓은 것은 이 사람 앞에 데려다 놓기 위함이다. 그동안 충분히 고생을 했으니 남의 말을 들으려 하는 것이 아닌가? 그러니 이제부터는 병 나으려 들지 말고 네가 왜 그렇게 아프고 어려웠는지를 가르쳐 줄 테니까 먼저 공부를 하라는 것이다. 그래서 그 원인을 알고 깨우쳐 바르게 살려고 노력할 때 너의 병은 스스로 치유되고, 너의 마인드도 끌어올려진다. 그렇게 되면 이제부터 두 번 다시 사기를 당하지 않게 될 것이다.

18 * 두 마리 토끼 잡는 돈 거래

問

'돈을 꾸러 갈 때와 갚으러 갈 때가 다르다'고 하는데
돈을 꾸는 사람과 돈을 꾸어주는 사람이
상부상조하며 균형이 맞으려면
서로 어떻게 대해야 합니까?

答

필요한 것을 한 번에 다 해주지 말고
바른 말로 이끌어 주어라.

돈을 꾸려고 하나? 별별 질문을 다 하는구만.

힘으로 비유하면 돈을 꾸러 간 사람은 힘이 작은 사람이고 돈을 빌려 주는 사람은 힘이 큰 사람이다.

이때 힘이 작다는 것은 얼마만큼 작다는 것이냐? 자신의 분별을 스스로 하지 못하는 만큼 작은 것이다.

그래서 네가 어려울 때 누군가를 찾아가는 것은 경제를 빌미로 힘 있는 인연을 만나는 것이다. 그렇게 서로가 만나서 상생을 이룰 때만이 힘이 작은 사람은 도움을 받을 수 있다. 이때 '도움 받는다'는 것은 경제적인 도움을 말하는 것이 아니다. 경제적인 것, 물질적인 것으로는 누군가를 도울 수도, 도움 받을 수도 없다.

 누군가가 나에게 도움을 구하러 왔을 때 진정 그 상대를 위해 서로 의논하면 그 상대에게 해줄 말이 생긴다. 그때 나오는 말 그대로를 상대에게 전하여 상대가 그대로 따르면 상대의 어려움은 저절로 풀리게 된다.

 네가 이러한 원리를 안다면 자신에게 도움을 구하러 온 사람에게 그 깊이를 바르게 가르쳐 주고 바른 길로 나아갈 수 있도록 이끌어 줄 것이고, 도움을 구하러 온 사람 역시 이해가 가니 너에게 감사하고, 이제 돈을 빌리려던 것을 그만두고 자신의 자리로 돌아가 너의 말대로 일을 처리하니 그 과정에서 또 깨우치게 된다.

 그런데 지금은 누구도 이러한 원리를 아는 자가 없어 돈을 구하는 사람도 돈을 빌리러 간 것으로 알고 있고, 돈을 가진 자 역시 상대가 자신에게 돈을 구하러 온 것으로만 알고 있다. 그러니 돈을 구하러 간 자도 현재 자신이 처한 어려움만을 생각하고 그것에만 집착하고 있으니 상대가 바른 말을 해주어도 제대로 분별하지 못하는 것이다. 그래서 그대로 행하지 않고 또 돈을 빌리러 쫓아다니게 된다. 그러다 시간 지나고 보니 "아! 그때 그 분의 말대로 했으면 되었을 텐데…." 정확하게 이 소리를 하게 되고 돈을 가진 자는 상대에게 자신이 해준 말이 맞았다는 것을 누구를 통해 들리게 되든, 보이게 해주든 하여 그 길이 옳았음을 알게 해준다. 그러나 그렇게 한 번, 두 번 그런 일이 있는데도 또 돈을 구하러 쫓아다니게 되면 이제부터는 고생을 많이 하게 된다.

만약 돈을 빌리러 온 상대에게 필요한 만큼의 돈만 주면 그는 너에게서 자신이 필요한 것을 구했으니 더 이상 볼 일이 없어 그 사람은 반드시 너의 곁을 떠난다. 지금 당장 떠나지 않더라도 너에게서 필요한 것을 다 구하게 되면 언제라도 떠나게 되는데, 그때는 반드시 희한한 소리로 너를 모략하여 마음의 상처를 주고 간다. 그러니 네가 사람에게 인기 있기를 바라고, 항상 사람이 곁에 있기를 바란다면 옆사람에게 줄 것이 있어야 한다. 그러나 그것이 재물은 아니라는 사실이다. 그것은 바로 근본을 찾아 그 사람을 바르게 이끌어 줄 수 있는 것을 말한다.

누군가 어려움이 있어 나를 찾아왔을 때, 그 사람에게 조금씩 내가 가진 방편을 써가며 일을 시키면 내 말을 잘 따르게 되어 있다. 이때, 필요한 것을 한 번에 다 주는 것이 아니라 조금씩, 조금씩 주며 상대를 다독여 주고, 한 마디씩 해주어 점점 바른 길로 이끌어 주어야 한다.

그 상대를 이끌 수 있는 힘은 대자연에서 준 것이다. 그런데 그 힘으로 상대를 바르게 이끌어 주어야 하는 그 담당을 네가 하지 못하고 사람이 너에게 경제를 구하러 오니 그냥 주면 되는 줄 알았고, 그렇게 주고 나서 상대가 갚지 않으니 그 상대를 원망했던 것이다. 즉, 네 스스로의 잘못을 몰랐기에 상대를 원망했고, 그 원망으로 내뿜은 탁한 기운이 너에게 다시 돌아가 네가 어려워질 수밖에 없었던 것이다.

이제는 바로 알아야 한다.

경제를 가지고 있는 자 즉, 힘이 있는 자는 공부를 해야 한다. 공부를 하여 자신의 인성을 갖추고 있으면 진정 상대를 도울 수 있고, 서로가 상생을 이룰 수 있는 길이 열린다. 그리하여 상대가 나에게 부탁을 하러 오면 그때부터 어떻게 해야 하느냐? 먼저 상대의 이야기를 충분히 들어라. 상대가 하는 말이 내가 듣기에 쓸데없는 것 같고, 내가 다 아는 이야기라 시간낭비를 하는 것 같더라도 일단 내 앞에 상대가 왔다면 그 사람이 이야기하는 것을 막지 말고 충분히 다 들어주어야 한다. 이것이 바로 큰 사람이 품어 먹는 것이다. 즉, 상대가 내뿜는 탁한 기운을 쓸어 마시는 것이다.

상대가 말하는 것에는 거짓도, 제 잘난 척도, 과장된 것도 있고, 그 외에 여러 가지가 조금씩 섞여 있다. "도움을 받으러 온 사람이 무슨 말이 이렇게 많아?"라고 하겠지만 그 사람은 말이 많을 수밖에 없다. 그렇게 자신의 속 안에 있는 것을 네 앞에서 모두 뱉어 내는 것이다. 그러면 너는 그것을 모두 쓸어 마셔야 한다. 이것이 탁한 기운으로, 곧 사람의 탁한 영(靈)이고, 독이다. 이 독이 사람에게 있어서 최고의 영약이다.

세상에 사람이 입으로 뿜어내는 말처럼 탁기 가득한 독(毒)이 없다. 이러한 독기가 쌓여 우리가 어렵게 되었기에, 누군가에게 도움을 구하러 갔을 때에는 그 사람 앞에 이 독기를 모두 쏟아내고 정화해 달라고 간 것이다. 이때 나오는 독은 세 치 혀를 통해 만들어 내놓는 인류 최고의 영약이다. 그래서 너는 반드시 상대가 내뿜는 이 독기를 대인의 마음으로 인내심 있게 모두 쓸어 마셔야 한다.

이 독도 어느 정도 쏟아내고 나면 상대는 더 이상 말할 것이 없어진다. 그리고는 너에게 답을 묻게 된다. 이때 충분히 상대를 이해하며 받아주면 너에게서 저절로 바른 답이 나온다. "그래, 얼마나 힘들었느냐?" 하고 상대 안에 깊게 쌓여있던 이 독기를 무심(無心)으로, 사랑으로 쓸어 마시니 이 독이 영약으로 변하여 영기(靈氣)가 된다. 즉, 상대가 쏟아내는 탁함을 모두 사랑으로 쓸어 마시니 이것이 거룩한 힘으로 바뀌어 마음에너지가 어마어마하게 충만해지고 이 충만해진 마음에 너지로 지혜가 열리니, 지혜의 기운이 그 안에서 나오게 되는 것이다. 이렇게 나온 것이 바른 답, 정답, 공적(公的)인 답이다. 그래서 억지로 머리를 쓰고, 이리저리 저울질하고, 잣대를 재어 답을 내는 것이 아니라, 상대의 말을 잘 받아들이기만 하면 저절로 답이 나오는 것이다.

나무가 한 해 동안 열심히 세파에 부딪치면서 할 일을 다 하고 물을 내리면 뿌리에서 받아 저절로 정화를 시켜 내년에 다시 좋은 백신으로 다 바꾸어 올려주듯이 대인의 마음은 크고 넓어야 하고, 나에게 오는 이 탁한 기운을 사랑으로 받아먹을 줄 아는 자만이 그 에너지를 생산해 낼 수 있는 대인으로 변하게 된다. 상대의 독을 사랑스럽게 먹는 자가 대인이다. 그러니 앞에 온 상대에게 물질을 주고 싶다면 그냥 주어야지, 절대 빌려주거나 물질로 거래를 하여서는 안 된다. 그러나 바르게 가는 데에 필요한 것이라면 얼마든지 주어라.

　예를 들어, 누군가 찾아와 돈이 급하다고 하면 돈이 있다 없다를 내색하지 말고, 우선 그 사람이 말을 할 수 있도록 편하게 해주고 그가 하는 말을 귀 기울여 들어보아라. 그렇게 이야기를 쭉 들어보면, 그가 중간 중간 거짓을 섞어가며 어떻게 이야기를 하여도 결국은 "노름하다 빚지고 왔다"라는 속내가 드러나게 된다. 그러면 그런 사람에게 돈을 내어 줄 수 있느냐? 없다. 또 자기 잘난 체를 하다 다른 사람의 보증을 서 주어 어려워진 사람이 왔다. 그 사람에게 돈을 내어 줄 수 있느냐? 없다. 그 사람이 잘난 체해서 드는 비용까지 네가 대줄 수는 없지 않느냐? 상대가 하는 말을 정확하게 들어보면 그러한 것들이 모두 묻어 나온다.

　상대의 말을 사랑으로 받아주고 나니 '저 사람이 아닌 짓을 하고서 도움을 구하는데 저 자에게 힘을 실어주면 안 되지 않는가?'라는 분별이 나게 된다. 상대에게 말하지는 않겠지만 그러한 분별이 정확하게 나게 되니, 이때는 목에 칼이 들어와도 그 사람에게만은 경제를 내어줄 수 없게 되는 것이다.

　그런데 또 다른 사람이 찾아와 어려움을 토로한다. 그 사람의 이야기를 찬찬히 들어보니, 뭔가 열심히 살려고 노력을 하다가 그 길을 몰라 지금 매우 어려움에 처하게 되었다. 그럴 때에는 상대에게 "그렇게 어려웠더냐? 너무 걱정하지 마라" 하고는 우선 따뜻한 밥 한 그릇을 먹을 수 있게 해준다. 어려워서 정신없이 여기저기 뛰어다니던 사람이 사랑이 담긴 따뜻한 밥 한 그릇을 먹어 봤겠는가, 차 한 잔을 마셔 봤겠는가? 그렇게 따뜻하게 대해 주고는 "그래, 이것을 가지고 가서 얼른 해결하고 힘내라. 그리고 이렇게, 이렇게 하며 열심히 해라" 하고 그 사람에게 지금 필요한 돈을 그냥 주는 것이다. 비록 내 자식이 아닐지라도 그런 사람에게 주어야 한다. 이때는 거래하는 것이 아니다. 어떤 보증서 한 장 받지 않아도 그 사람은 절대 그 돈을 떼어먹지 않는다. 나중에 일이 해결되어 그 돈을 가지고 올 때에는 존경까지 더해서 가지고 온다. 자식에게도 마찬가지이다. 자식이 하는 말을 충분히 받아주다 보면 그 안에 거짓말이 들어 있는지 진심으로 하는 말인지 알게 된다.

이렇듯 분별을 바르게 하여 여러분에게 주어진 힘을 바르게 써야 한다.

너에게 누군가가 다가오면 그 상대에게 행을 바르게 할 수 있는 분별을 가져야 한다. 착한 마인드로는 결코 이러한 분별이 나오지 않는다.

지금까지는 모두가 착하게만 살았지 바르게 산 적이 없다. 그래서 결국 주어진 힘마저 모두 빼앗기고 어려워진 것이다. 즉, 바르게 사는 근본이 나오지 않았으니 자신의 주체마저도 없었고, 주체와 사상이 없다 보니 무엇을 하든 여기저기 주변 환경에 끌려 다닐 수밖에 없었던 것이다. 그래서 지금 이 사람이 그 근본을 가르쳐 주고 있으니 열심히 공부하여 냉철한 분별로 상대를 위해 진정 바르게 행하여 서로에게 득 되는 삶을 살도록 하라.

19* 명퇴 이후 時테크

問

저는 기독교 신자로 30년 넘게 교회를 다니고 있는데
얼마 전 다니던 직장에서 명예퇴직을 하였습니다.
갑자기 많은 시간이 주어졌지만 종교 활동 외에는
앞으로 무엇을 해야 할지 모르겠습니다.
남은 인생을 어떻게 살아가는 것이 좋겠습니까?

答

경험을 토대로 깨우친 책 한 권을 써라.

원래는 퇴직을 하지 않는 것이 원칙이다. 다니던 회사에서 잔뼈가 굵었다면 그 회사와 함께 계속 가야 한다. 하지만 그렇게 하지 못했으니 이제는 잘못된 원인이 어디에 있었는지를 알고 그 깨우침으로 책을 쓴다면 사람이 달라질 것이다.

어른이 되면 책을 쓰는 것이 최고다. 살았던 만큼 잘못된 것이 있으면 바로 잡아 작품으로 만들어서 많은 사람들이 바르게 쓸 수 있도록 해주는 것이 어른으로서 마지막 해야 할 일이다.

그동안의 경험을 살려 책을 쓰고 싶은데 글재주가 없어 잘 써지지 않습니다.

―

말도 잘하고 글도 잘 쓴다면 주위의 인연들이 필요가 없다. 혼자서 독불장군처럼 살면 된다. 하지만 하느님은 혼자서 다 해결할 수 없도록 만들어 놓았다.

이것을 또 다른 각도에서 보면 지금은 지식사회로, 우리가 가지고 있는 지식은 모두 각자의 소질을 바탕으로 개인적으로 소유하고 있는 에너지이다. 이 지식은 인간이 아주 원초적인 삶을 살면서 수천 년, 수만 년 동안 살아온 과정을 계속 누적시켜 양(量)으로 축적된 정보가 어느 순간 질(質)로 변한 것이다.

이때 한 번 질로 변화되었어도 시대가 진화·발전됨에 따라 또 양으로 축적되어 다시 질로 변화되고, 그것이 또 양으로 쌓여 또다시 질로 변화되는 과정을 반복하여 이 시대에 이르러 지금의 지식은 엄청난 양으로 축적되어 있다.

그래서 이 시대를 사는 우리는 저마다 양으로 축적된 엄청나게 방대한 지식을 갖추고 있다. 바로 여기서 이 엄청난 양의 지식이 질로 변해야만 작품이 된다.

지식을 갖추는 중에는 갖추면서 가르치기도 하고 대접도 받고 우대도 받을 수 있지만 지식을 다 갖춘 사회가 될 때에는 우위가 없어지고 평등사회가 이루어진다.

지금 이 시대가 바로 그런 시대로, 전부 다 지식을 갖추었다. 그러다 보니 지식만으로는 힘을 쓰지 못하는 것이다. 예를 들어, 우동을 잘 만들고 빵에 대해 잘 아는 지식을 가지고 우동 가게, 빵 가게 등을 하는 것만으로는 힘을 쓰지 못하는 것과 같다.

그런데 이러한 지식이 양에서 질로 변하면 작품이 된다. 그리고 이 작품을 누가 생산하느냐에 따라 그 사람은 독보적인 존재가 된다. 그러나 문제는 지금 어느 누구도 이 지식을 가지고 양에서 질로 바꾸지 못하고 있다는 것이다. 왜? 지식을 보편적으로 다 가지고 있어서 누가 우위를 점할 수가 없기 때문이다. 그래서 이 사회가 여기서 멈추어 있는 것이다.

지금 국민을 일반인과 지식층으로 나눌 수 있는데, **지식층에서 각자가 전부 다 실력을 발휘해도 고만고만한 지식뿐이다.** 그래서 질로 바뀌지 못하고 있다.

그러면 어떻게 해야 질로 바꾸어지는 것입니까?

지금 이 사회는 양적으로는 올라올 때까지 다 올라왔다. **양으로 축적된 것을 질로 바꾸지 못하면 이 사회는 절대 더 이상 올라갈 수 없다.**

이제는 **우리가 돈을 얼마 더 번다고 해서 좋아지는 것도 아니다.** 돈을 조금 더 버는 것과 우리 삶이 나아지는 것은 다르다. 돈을 조금 더 벌면 사회의 구조도 돈을 더 지불해야 하도록 되어 있다. 결국은 똑같다.

이제 앞으로의 발전은 양이 축적되어 질적인 변화를 일으켜야 하는데 지금과 같은 개인주의가 되어서는 이것을 절대 이룰 수 없다. 왜냐하면 한 사람이 가진 지식이 질로 변하는 데에는 한계가 있고, 또한 지식인 한 사람, 한 사람의 지식은 양에 불과하기 때문이다.

무엇이든 챙기고 모으는 그 자체는 양(量)이다. 돈을 챙기는 것도, 땅덩어리를 많이 챙기는 것도, 지식을 챙기는 것도 양이지 그것만으로는 절대 질(質)이 될 수 없다. 아무리 많이 챙기더라도 양일 뿐이다. 양은 챙기는 데 불과한 것이지 그것으로 잘 사는 사회는 결코 만들 수가 없다.

그러나 내가 가진 양과 네가 가진 양이 뭉치면 변한다. 이때 두 명이 가진 양이 서로 뭉치면 어떻게 되느냐? 그때까지는 아직 질로 변하지 않는다. 여기는 3차원이라 둘이 가진 양으로는 질로 변화시킬 수 없다. 이때에는 서로 의논이 될 뿐이다. 그러나 세 명이 가진 지식의 양이 뭉치면 질로 변한다. 이것이 솟대의 원리로, 세 발이라야 안정을 이루어 그 위에 무엇이든 놓을 수 있는 것이다.

그러면 이렇게 세 명이 뭉치기 위해서는 어떻게 해야 하느냐? 서로를 믿고 그 믿음으로 자신의 지식을 다 꺼내 놓는 공동체가 되어야 한다. 그렇게 모두 꺼내 놓으면 이제 질로 변해 작품이 나오게 되며 이 작품은 어떤 곳에 내어놓아도 환영받는다.

단 세 명이라도 모여 질로 변해 작품이 나왔다면 그것이 아무리 작은 것일지라도 지금 이 세상에 필요한 것이다. 그래서 여러 명이 뭉친 공동체에서 양이 모여 질로 변하면 어마어마한 작품이 되는 것이다. 그런데 지금은 모두 서로 믿지 못하여 그러한 작품을 만들지 못하고 있다.

질로 변해야 한다. 그래야 이 사회가 달라진다. 우리가 지금 이만큼 달라진 것은 최고로 달라진 것이지만 이것 역시 양이기에 이 양을 가지고 질로 이루어 내야 한다.

그러면 종교에 대해서도 이 말씀이 적용됩니까?

　오랜 기독교 신자라고 하니 너희가 믿고 있는 하느님에 대해 잠깐 풀어 보자. 어느 시대이건 관계없이 대자연이 모든 것을 너희에게 몰아주어 힘을 주는 것이 바로 하느님의 축복이다. 사탕을 주는 것이 축복이 아니다. 물론 사탕이 필요한 환자에게는 축복이 될 수는 있지만 그것은 임시방편일 뿐, 사탕은 대자연의 힘이 될 수 없다.
　그러면 무엇이 대자연의 힘이냐? 네가 세상을 많이 알도록 해주는 것이 바로 대자연의 힘 즉, 하느님의 힘이다. 세상을 많이 알면 그것이 너에게 힘이 되니 다른 사람이 한 것도 네가 많이 알게 된다. 네가 먼저 알면 세상을 다스릴 수 있는 힘을 갖게 되므로 하느님이 그렇게 이끌어 주는 것이다.
　하느님이 우리에게 지금까지 해준 것이 무엇인가를 바르게 보고, 이제는 그것을 끌어내어 하느님을 바르게 세워야 한다. 그래야 하느님의 진정한 일꾼이다.

하느님은 과거 너희가 아직 배우지 못해서 모르고, 필요한 것이 무엇인지도 모를 때 그것들을 빚어내어 너희에게 갖다 주는 역할을 했다. 그렇게 해서 너와 내가 알도록 해주었다. 즉, 너희가 부부가 되게 해주고, 친구가 되게 해주고, 동료가 되게 해주고, 선후배가 되게 해주고, 도반이 되게 해주고, 형제자매가 되게 해주는 등 서로의 인연 관계를 맺어 주었다. 그러나 하느님이 해주는 것은 여기까지이다. 그다음은 하느님이 하지 못한다. 이제부터는 너희가 작품을 만들어 세상에 일을 해야만 한다. 그럴 때 진정 너희의 인생을 사는 것이다. 그 작품을 이루는 데에 제일 우선하는 것이 신뢰와 사랑이다. 그래서 성경에 믿음과 사랑에 대한 말을 많이 해 놓은 것이다. 이처럼 성경의 말씀을 똑바로 알아야 한다.

말은 나왔으되 그 말을 어디에 가져다 쓰느냐에 따라 똥밭에 쓰는 것이 되기도 하고, 태양에 가져다 쓰는 것이 되기도 한다.

지금은 만인이 지식을 공유하는 지식사회이다. 그래서 지금 지식인들이 쓰는 단어와 지식이 완성되지 않았을 때의 무식한 사람들이 쓰는 단어는 하늘과 땅 차이가 난다는 것을 알아야 한다.

수없는 진화 과정을 통해서 언어를 빚어낸 것도, 단어를 빚게 했던 것도 모두 하느님이 해놓은 것이며 이것이 모두 하느님의 섭리이다.

지금까지는 이렇게 하느님이 우리를 보살피고 이끌어 주었다. 그러나 앞으로 펼쳐질 후천개벽시대는 인본시대(人本時代)로, 사람이 운용해 나가야 하는 시대이다. 모든 것을 빚고 만든 것은 하느님이 했지만 그것을 가지고 작품을 만드는 것은 사람이 해야 한다. 작품까지 하느님이 다 만들 것 같으면 우리가 구태여 노력할 것이 없지 않느냐? 그래서 무식할 때 알아두었던 단어 하나도, 기술도, 그 어떤 것도 지식사회가 된 지금, 옛날에 쓰던 것에 고착되어 있으면 우리는 절대 큰 그림을 그려내지 못한다.

이제 지식을 모두 갖춘 우리 지식인이 다시 이 단어들을 정확하게 갖다 붙일 곳에 붙여서 써야 한다. 즉, 이제 단어도 제자리에다 놓을 줄 알아야 한다. 그리하여 그 단어로 좋은 작품을 꺼내야 한다.

다시 말하지만, 이제는 지식인들이 서로 힘을 합치지 않고 자기만 생각하고 챙기는 개인주의가 되면 도저히 힘을 쓸 수 없다. 지식을 가지고 있는 것만으로는 힘을 쓸 수 없으며 그것

으로 생산을 일으켜 내야만 즉, 작품을 만들어 내야만 힘을 쓸 수 있는데, 그러려면 뭉쳐야 되고, 뭉치려면 믿음이 있어야 한다. 서로 믿음이 있으면 자신이 가지고 있는 것을 모두 꺼내 놓을 수 있다. 그렇게 모두가 꺼내 놓아야 질로 변할 수 있다. 그렇지 않고 혼자만 알고 안에 넣어 놓고 조금씩, 조금씩 눈치 봐가며 꺼내 놓아서는 절대 질이 되지 않는다.

믿어야 한다. 서로 믿는 사회가 되느냐, 되지 않느냐에 우리의 미래가 달려 있다. 이것이 바로 하느님이 우리에게 준 마지막 과제로, '너희가 서로 사랑할 수 있느냐?'인 것이다.

너희가 서로를 사랑하면 길이 보일 것이고, 그렇지 않고 서로를 미워하고 의심하면 절대 길은 보이지 않을 것이니, 이는 곧 지혜가 열리지 않는다는 말이다.

지식이 질로 변하면 지혜가 된다. 서로 사랑하고 믿음이 있으면 자신이 가진 지식을 모두 내놓을 수 있다. 그것도 조금씩 내놓고 견주어 보는 것이 아니라 전부 싹 내놓는다. 그러면 이 사람이 가진 지식도 나오고, 저 사람이 가진 지식도 나오고, 또 다른 사람이 가진 지식도 나온다. 그렇게 모든 에너지가 다 나오면 이것이 작품이 된다. 이때는 각자가 자신의 욕심을 가지고 있지 않아야 한다. 그럴 때만이 지혜가 나와 서로가 내놓은 것을 만질 수 있고, 풀 수 있게 된다. 즉, 서로 의심이 없기에 꺼내 놓은 지식이 모두 융합되어 지혜가 스스로 열리는 것이다.

이제는 지혜를 써야 하는 사회인데, 지혜가 나오지 않으면 그 작품을 만들 수 없다.

그 지혜를 빚어내는 방법이 바로 믿음이고 사랑으로, 여기에 작품이 나오면 우리 지식인들의 소망이 이루어진다. 지식인들이 나왔으니 이제 이런 것에 믿음과 사랑, 소망이라는 단어를 제대로 가져다 붙여야 한다.

우리가 배우고 만졌던 이 지식을 빚기 위해 인류는 수억 년 동안 살았다가 소멸되고, 살았다가 소멸되었다. 그리하여 선천시대의 마지막에 와서 우리가 이 지식을 다 먹었고, 이제 우리는 후천시대의 시초를 열기 위해 인생을 살아야 한다.

그래서 그동안 나왔던 예언들이 모두 여기에 중심이 맞추어져 있었던 것이다. 기독교에서 예언한 것들도 마찬가지이다. 즉, 선천시대의 마지막, 후천시대의 문을 여는 이 시기에 모든 것이 맞추어져 있다. 쇳덩어리가 하늘을 날아다닐 것이라는 것도, 지네가 지평을 달려갈 것이라는 것도 이 시대의 비행기, 기차를 예언한 것이다.

이러한 기초를 알면 예언을 푸는 것도 엄청나게 달라지고 빨라진다. 하느님은 이 후천개벽시대, 인본시대에 모든 것을 맞추어 놓았다. 그리고 지금 우리가 여기에 서 있다. 하느님이 빚어놓은 지식을 다 먹은 우리가 이제는 작품을 만들어 앞으로 인류가 살아갈 길을 열어야 한다. 그래서 지금까지 인류역사는 이 시대 우리를 위해 형성되었던 것이다. 그리하여 지식을 다 먹은 지식인들이 이 사람에게 와서 "스승님, 도가 무엇입니까?"라고 물으면 도에 대한 정의와 답이 달라진다. 과거에는 "도란 각자가 살아나갈 인생길이니라"고 답을 했다면 지금은 "도란 지식이니라. 이때까지 도의 길은 지식으로 뭉쳐져 있고, 도인은 그 지식을 다 먹을 것이요, 앞으로 도인이 살아나가는 인생은 이 지식을 지혜로 바꾸어 쓰는 것이니라" 이렇게 답할 것이다.

지식을 갖추지 않은 자는 세상을 이끌 수 없으며, 그 지식의 양만 많이 흡수한 자도 세상을 이끌 수 없다. 세상은 지혜로운 자가 이끄는 것이다. 그러나 지식을 갖추지 않고서는 지혜를 열 수가 없기에 먼저 지식을 갖추게 했던 것이다. 그러니 돈을 가진 자를 중요하게 여길 것이 아니라 지식을 갖춘 자를 중요하게 여겨야 한다.

돈은 지식을 갖춘 자가 없으면 쓸 데가 없다. 기껏해야 소고기 사먹는 데나 쓸까? 그런 것은 '돈 쓴다'고 하지 않는다. 그것은 단지 육신을 지탱하기 위한 쓰임에 불과하다.

지식인들이 지식을 다 갖추어야 세상을 열기에, 이때까지는 그 길을 위해 노력했던 것이고, 지금은 지식을 다 갖추었기 때문에 이제부터는 세상을 열어가야 한다.

지식인들이 답답해하고 길을 찾지 못해 헤매면 일반인들의 가슴은 이미 찢어져 있다. 그러니 이제는 지식인들이 뭉쳐야 한다. 지식인들이 뭉쳐서 웃는 사회가 되어야 이 세상은 맑아지고 답이 풀리고, 일반인들이 살기 좋은 세상이 된다. 그런데 지금은 지식인들이 인상을 쓰고 일반인들은 울어야 되는 세상이 되어 있다.

처음에 말했듯이, 작품을 만드려면 책을 써야 하지만 말로 전해도 상관없다. 말은 통역하면 되고 책은 번역하면 되니까 어느 쪽이든 인류에 전달할 수 있다. 지금 이 사람이 여기서 말하는 것도 실시간으로 전 세계에 내보낼 수 있는 시대이다.

'지식인들이 책을 써야 한다'는 것은 서로 지혜를 모아 회의를 하여 어떠한 것이 세상을 바르게 사는 방법인지를 하나씩 꺼내는 것이다.

지금 모두가 어려움을 겪는 것은 바르게 사는 방법을 모르기 때문이다. 세상에는 바르게 사는 방법이 있고, 틀리게 사는 방법이 있으니, 바르게 사는 방법으로 간다면 절대 어렵지 않게 살 것인데 이때까지 틀린 방법으로 모두가 세상을 걸어왔던 것이다. 그래서 이 세상에 구구절절 한(恨)이 남았던 것이다. 그것이 선천시대이다. 하지만 이제, 그런 한이 남지 않도록 하는 방법을 찾아야 한다.

후천시대는 정법시대(正法時代)로, 모두에게 바르게 사는 법을 일깨워 평화를 열어가는 시대이다. 이때 책을 내든, 작품 하나를 빚어내든 이런 것은 혼자 해서는 절대 안 된다. 왜? 혼자서 이루어낼 수 있도록 하느님이 만들어 놓지 않았기 때문이다.

지금 이 시대에 누군가 혼자서 책을 썼다면 그것은 분명히 잘못 쓴 책이다. 하느님이 우리에게 저마다 소질을 주고, 모두 각자에 맞는 지식을 따로 주었기에 혼자서는 절대로 올바른 책이 나올 수 없다. **지식을 가진 이들이 모여서 뭉쳐야만 올바른**

책이 나온다. 적게 뭉치면 기본 작품이 나올 것이고, 많이 뭉치면 큰 작품이 나올 것이다. 뭉쳐야만 작품이 나오게 되어 있다.

서로 믿음이 있어 토론을 하는 가운데 각자의 것이 다 모아지면 작품이 나온다. 내 것을 꺼내 놓았다 하여 다른 사람의 것이 되는 것이 아니다. 각자 자신이 가진 것을 꺼내 놓으면 그것이 섞여 작품이 자꾸 만들어지는 것이다. 이런 의미에서 모임 단체가 이루어져야 한다.

그리하여 **앞으로의 모임 단체는 연구회가 되어야 한다.** 즉, 지식인들이 모여 대화하는 것이 이 세상을 이끌어 나가는 연구 형태이어야 한다. 무식한 자들이 모이면 놀기 위해 모이지만, 지식인들이 모이면 뜻있고 알차게 모인다. 그래서 연구를 하는 모임 단체가 만들어졌다면 그 안에서 서로 자신이 가지고 있는 것을 꺼내어 크게 잘 써야 한다.

후천개벽시대의 단체는 단순한 친목 단체가 아니다. 친목은 기본이고 각자가 생각하고 있는 것을 꺼내어 서로가 연구를 해야 한다.

예를 들어, 단체에 사람이 어느 정도 모이면 각자 저마다 가지고 있는 소질이 모두 다르다. 이것을 잘 살려야 한다. 국민교육헌장에도 보면 '오늘날에 되살려'라고 하지 않았느냐? 이 말은 지식을 다 갖춘 상태에서 오늘에 되살리라는 의미이다. 무식한 자가 오늘날에 되살려봐야 무식한 것 밖에 더 나오겠느냐?

국민교육헌장도 무식할 때, 지식을 다 갖추지 않았을 때, 이 나라가 폐허가 되었을 때 만든 것이다. 그래서 단어는 거창하나 그 내용을 해석함에 있어 아주 작은 범주에서 벗어나지 못했다. 하지만 지금 우리가 지식을 다 갖춘 상태에서 이 내용을 다시 만지면 어마어마하게 달라진다.

서로가 갖추어 놓은 자기 실력과 장점을 모두 되살리면 어떻게 되겠느냐? 3명만 모여도 일은 이루어져 다른 사람들이 볼 때 아주 아름답게 보인다. 그래서 다른 사람도 이곳에 들어오고 싶어 하고, 단체의 성격과 취지를 알고 들어오기에 자신의 것을 다 내놓아 이제는 하나, 하나 들어올 때마다 양이 그만큼 더 들어와서 질로 변하고 점점 단체는 커지게 된다.

이렇게 해서 질로 변하여 만들어진 작품이 나오면 이 단체에 모인 사람들의 형편은 일시에 모두 해결된다. 즉, 질로 변한 작품은 남에게 인정받아서 나간 것이기에 들어오는 에너지는 한 사람이 먹고살고 쓸 만큼이 아니라 어마어마한 양이 된다. 그래서 힘을 같이 이루었던 사람들이 모두 쓰고도 남을 만큼 항상 넘쳐 앞으로의 생활이 모두 풀리게 된다.

질로 변화된 것으로 작품을 만들어 세상에 내놓으면 이것은 만인을 도와 이롭게 한다. 그런데 만인을 이롭게 하는 사람들이 어렵게 산다? 그런 법은 없다.

만인을 이롭게 하는 홍익인간으로 사는 사람들이 하느님의 최후 제자들이다. 다 하느님의 일꾼이라고 해도 최상의 등급이 있다. 그들이 바로 지식인들이다.

지식을 갖출 때까지는 몰랐지만, 성장하면서 푸른 꿈을 가지고 큰 기상을 가지고 뭔가를 하고자 갖추기 시작했다면 그것은 분명히 너의 영적인 에너지이고, 그때 담고 있었던 것이 너에게 들어온 대자연의 기운이며, 이것이 신기(神氣)이다.

이 기운이 갈수록 쇠퇴하였지만 너희가 성장할 때, 이미 그 신기가 다 들어와 있었다. 성장할 시절에 "나는 대통령이 될 거야!" "나는 장군이 될 거야!" "나는 과학자가 될 거야!" 하고 외쳤다면 바로 그쪽 신이 들어온 것이다. 그렇게 해서 그 줄로 전부 다 연결해서 지식을 갖추게 했던 것이다.

이제 신(神)이 내린 최고의 제자들이 다 성장했다. 그래서 지식을 갖춘 너희야말로 인류의 에너지를 모두 쓸어 마신 도인(道人)들이다.
　이 자들이 세상을 이끌어 나가야 되고, 새 세상을 펼쳐 내야 되고, 그렇게 해야 앞날이 열린다. 그러므로 이 자들이 자기 먹고살려고 환장을 한다면 힘들게 살아야 하나, 뭔가 자신이 해야 할 일을 찾는다면 그 삶은 힘들이지 않고도 저절로 살아지게 된다.
　내 먹고살기 위하는 자를 어느 누가 크게 뜻있는 곳에 써주겠는가? 그것은 지극히 개인적인 삶이지 않느냐? 하느님은 큰 뜻을 가진 사람을 받아주기에 개인적으로 살면 어렵고 힘든 것이다.

　이제까지 이런 원리들을 풀지 못해 어렵고 힘들게 사는 것이었으니, 이것을 정확하게 잘 풀어서 세상에 하나씩 내주면 모두가 공감하고 눈을 뜨게 된다. 그래서 한 가닥, 한 가닥 풀어내면 된다.
　그 속에는 '어떻게 해야 우리 진로를 찾을 수 있는가?' 이런 것도 있을 것이고, '우리 가정에서는 어떻게 뜻을 잘 맞추어야 할 것인가?' 이런 것도 있을 것이고, 또 모임의 성격에 따라 '우리는 어떤 식으로 진로를 잡아야 하는가?' 하는 것도 있을 것이고, 여러 가지에서 가닥이 나온다.

 기본·기초 원리를 알아야 한다. 즉, 하느님이 어떻게 운용하셨는가를 먼저 알아야 한다. 그러니 우리가 책을 쓰는 데에 있어서도 서로가 저마다의 소질을 내놓고 대화하는 가운데에서 줄거리가 나오고, 이렇게 나온 줄거리를 가지고 작품을 써야 한다. 이때 누구 한 사람이 최종적으로 책을 썼다하여 그 사람의 것이 아니다. 모두의 것이다. 그래서 공동체가 이루어지게 된다. 돈이 있는 사람은 돈을 내고, 재주가 있는 사람은 재주를 내어 다 합치면 일이 된다. 즉, 저마다 소질은 소질대로 내놓고, 경제가 있으면 경제를 내놓으니, 서로가 믿음으로 모인 사람 안에 힘이 다 있다. 그러나 여기저기 눈치를 보며 내가 가진 것을 서로 조금씩 내놓고 견주기만 한다면 시간이 아무리 가도 작품은 나오지 않는다.

 서로가 자신이 가진 것을 다 내놓고 '조금 고생을 하더라도 좋다'라는 생각을 한다면 믿음은 거기에서 일어난다. 그만한 신뢰를 쌓기 위해 우선 모여서 교류를 하는 것이다. 그러면 그 모임은 금방 달라진다.

책 한 권이 세상을 바꾼다. 어떤 책? 자신이 살았던 흔적과 경험을 토대로 하여 바르게 깨우친 바가 기록된 책 한 권. 이것이 최고의 작품이다. 이제는 이러한 책을 만들어 내어야지 기계를 만드는 것이 작품인 시대는 지나갔다. 우리가 기계를 만들었던 것은 그것을 잘 만들어 후진국의 백성들에게 그 방법을 전수해 주기 위함이었다. 그렇게 하기 위해 기술이 발전된 것이다. 그런데 지금 우리는 뭔가를 한참 착각하고 있다. 앞으로도 계속 이 나라에서 기계를 잘 만들어 다른 나라에 팔아먹는 장사를 하려고 해서는 안 된다.

기계를 만드는데 필요한 기술은 모든 사람들이 살아온 흔적이 다 뭉쳐져 변한 것이다. 즉, 하느님이 우리에게 기술의 씨를 넣어 주어 우리가 기술을 우수하게 만들어 낸 것이다.

그렇다면 왜 기술을 우수하게 만들었겠느냐? 그 기술의 씨를 보내준 사람들에게 다시 되돌려주기 위해서이다. 그리하여 우리는 어떤 기술이 어떠한 곳의 사람들에게 필요한지를 살펴 필요한 곳에 다시 돌려주어 모두가 자신의 할 일을 하며 평화롭게 살 수 있는 길을 열어 주어야 한다. 이를 위해 그동안 우리가 인류의 모든 정보를 받아들여 가지고 있었던 것이다. 우리가 그 기술을 뼈 빠지게 전부 다 완성시켰다고 하여 이 나라에서 물건을 만들어 그것을 팔아먹는 장사꾼이 되어서는 안 된다. 그렇게 한다면 지도자가 아니다. 다시 말해, 장사꾼이지 사업가가 아니라는 말이다.

지금 이 시대 우리는 이미 사업가로 변했어야 하는데 장사꾼이 되어 버렸다. 어떻게 하면 더 많이 팔아 더 많은 이윤을 남겨 나눠가질 수 있는지만 생각하고 있는데, 그렇게 하면 나라 꼴 절단 난다.

기술은 인류에게 내어 주어야 하고, 그 기술을 가지고 그들이 할 일을 하고 그 주위가 살찌도록 해주어야 한다. 백성은 할 일이 있어야 하며 왕실인 이 나라에서는 백성들이 할 일을 잘 할 수 있도록 도와주고, 정신건강까지도 염려하여 보살펴 주며 뒷받침을 해주어야 한다.

지금 이 나라에서 완성된 기술로 물건을 만들어 팔아먹고 있는데, 이 나라가 그러한 물건을 만드는 원자재가 모두 갖추어져 있는 나라이더냐? 우리 스스로도 천연자원이 부족한 나라라고 하지 않느냐? 이것을 보더라도 이곳 삼천리금수강산이 물건을 만들어서 되는 곳인지 안 되는 곳인지를 단번에 알 수 있다. 이 나라가 경제대국이 되고 수출 강대국이 되어서 이 삼천리금수강산에서 물건을 만들어 팔아먹는다면, 그에 필요한 원자재와 모든 물질적, 인적(人的)에너지까지도 이 나라로 들여와야 한다. 그러나 그렇게 들여온 것들을 소모하며 물건을 생산한다면 이곳을 엄청나게 오염시킬 수 있다.

만약 여기서 물건을 하나 만들어 팔아먹고 마진을 얼마 남긴다고 치자. 그 몇 푼을 남겨먹기 위해 이 나라 삼천리금수강산을 어마어마하게 오염시켜서야 되겠느냐? 삼천리금수강산에 새 봄이 온다고? 새 봄이 오기는커녕 오염이 온다. 꽃 피고 새 울기는 일찌감치 틀린 나라가 된다는 말이다. 이곳 삼천리금수강산은 꽃 피고 새 우는 곳이 되어야 한다. 그래야 인류로부터 추앙받는 나라가 된다.

이제 모든 기술은 기술이 없는 후진국에 주어야 하고, 줄 때에도 바르게 주어야 한다. 이에 대한 대안은 후일 전문가가 직접 질문해 올 때 자세하게 풀어줄 것이다.

이제는 우리가 세상을 바르게 보고 우리가 가진 지식을 잘 쓸 때이다. 이것을 잘못 쓰면 우리는 어려움에서 헤어날 길이 없고, 결코 벗어나지 못한다. 그러나 바르게 잘 쓰면 지혜로운 자로 변한다.

지식을 가진 자가 지혜로워지면 세상의 주인이 된다. 존경받는 주인이 되면 경제는 걱정할 필요가 없다. 엄청난 경제가 창출되면서 존경도 받고, 또 그 경제로 더욱 뜻있고 보람 있는 일을 할 수 있다.

지금은 돈이 힘인 세상이 아닌가? 그래서 돈의 힘이 100m 정도 앞서 있다면 지식을 가진 사람들은 자신이 가진 지식의 양을 질로 바꾸어 돈보다 더 멀리 앞서 가면 된다. 그러면 저절로 돈이 뒤따라오게 된다. 이것이 지혜이다.

미련하면 돈에 끌려 다닌다. 지식을 가진 자들이 그래서야 되겠느냐? 돈에 끌려가면 안 된다. 돈은 양의 힘이다. 누가 뭐라고 하든, 액수가 얼마가 되었든 양의 힘이다. 그런데 지식 역시 양이지만, 이것을 질로 바꾸면 지혜가 되어 양보다 앞서 간다. 그래서 돈이 지혜를 따라가게 된다.

그렇게 살아야 지식인들이 살맛 나는 세상이 되는 것이다.

우리 지식인들이 웃으며 살아야 백성도 웃는다. 자식이 찡그리고 있는데 부모가 어떻게 웃음이 나며, 선구자들이 찡

그리고 있는데 백성이 어떻게 가슴을 열고 웃고 살겠느냐?

지식인은 백성주(株) 다시 말해, 모든 국민의 힘이 한데 모인 국민주(國民株)이다. 지식을 갖추어 놓은 그 자체로 국민주이다. 그런 국민주들이 자신의 안위밖에 모르면 국민은 큰일 난다.

지식은 인류의 자산이지 개인의 자산이 아니라고 하였다. 그래서 지식인은 공인(公人)이며, 이 자들은 사는 것 또한 '공도사상'으로 살아야 하며 인류가 득 되게 사는 삶 즉, 홍익인간으로 살아야 한다. 그것이 인류의 지도자들이며 도인들이다.

인류의 지도자는 자신의 땅을 갖는 것이 아니라 백성들이 그 땅 위에 풍요롭게 살고, 행복하게 살 수 있도록 그 길을 열어주어야 한다. 백성이 풍요롭게 살면 그것이 내 땅인 것을.

이제는 사적(私的)이고 안이한 사고방식부터 깨야 한다. 진짜 하느님이 무엇인지를 알 때가 되었다. 무식할 때 알던 하느님과 지식을 다 갖춘 지식인들이 아는 하느님은 판이하게 다르다. 하느님은 우리가 받드는 대상이 아니기에 받들고만 있어서는 안 되며, 우리가 하느님의 일꾼이 되어야 하느님이 기뻐한다. 그러므로 진정한 하느님의 일꾼들이 되어야 한다. 이것이 인류의 구원자, 구세주이다. 이런 자들에게 하느님이 힘을 다 쏟아줄 것이다.

　무조건 하느님을 믿는 것이 아니라 바르게 아는 것이 중요하다. 하느님은 천지대자연의 기운이며, 스스로 이 세상을 운용하고 스스로 존재한다. 그러니 어떻게 우리와 떨어질 수 있으며 둘이 될 수 있겠느냐? 나와 본체가 하나인 것을.

　하느님의 힘, 대자연의 힘은 스스로 연결되어 있기 때문에 우리가 다 쓸 수 있다.

　그래서 우리가 지혜로운 자가 되면 그 힘을 다 쓸 수 있을 것이고, 미련한 자로 있으면 그 힘을 쓸 수 없는 것뿐이다.

　그 힘으로 지상을 새롭게 건설해 나가는 것이 후천개벽시대를 열어가는 것이다. 또한 이때까지 인류가 수없이 진화·발전한 것을 정법시대(正法時代) 즉, 평화시대(平和時代)를 열어가는 초석으로 놓는 것이 천지대공사로, 이것은 지식인들이 뜻을 합쳐 이루어 내야 한다. 그 뜻을 합칠 수 있는 길은 이 사람이 분명히 만들 것이니 걱정하지 않아도 된다.

　그러니 먼저 "아, 우리는 왜 이리 사는 게 어려운가?" 하는 이 사고부터 내던져라. 그렇게 생각해도 어렵고, 그렇게 생각 안 해도 어려우니 지식인답게 오늘 나의 할 일을 아주 웃으면서 하는 사람이 되어라. 내가 만들어 놓은 어려움을 내가 감당하면서 오늘 하루 나에게 주어진 것을 아주 즐겁게 하면 내일 일이 분명히 좋아진다.

찡그리는 자에게 무엇을 주겠는가? 웃는 자에게 주지.

다들 힘내고, 올바른 책 한 권이 세상을 바꾸니 이제 그런 책을 써라.

도서출판 정법시대는…

　인류 역사는 온갖 방편과 모순을 빚으며 그것들이 꼬리에 꼬리를 물고 쌓이고 쌓여 엄청나게 방대한 양을 축적하며 1안의 사(邪)를 이루며 숨가쁘게 달려와 드디어 최고 정점의 시대에 도달하였다. 그 방대한 양이 이제는 질로 변화되어 2안의 정(正)을 펼치기 위해, 정점의 시대를 지나 후천개벽을 알리고, 인(人)이 운용하는 인본시대가 도래되는 새로운 인류역사의 질서 창출이 요구되고 있다.

　그리하여 인류의 삶도 모든 분야에서 새로운 가치가 요구되고 있다. 작게는 나로부터 크게는 온 인류에 이르기까지, 정치, 경제, 사회, 교육, 문화, 철학, 종교 등 모든 분야에서 새 시대에 걸맞는 새로운 법을 요구하고 있다. 그것이 바로 정법(正法)으로, 그 정법을 바탕으로 미래 인류 역사를 이끌어 가는 정법시

대가 열리게 된다.

 그래서 도서출판 정법시대에서는 태초 이래 지금까지 삶의 근간을 이루었던 관습과 윤리와 지식을 새롭게 재해석하여, 오늘날과 인류미래사회의 초석이 되고 빛과 소금이 되어 진정한 행복이 충만하고 찬란한 미래복지 사회 건설에 기여할 수 있는 새로운 인류 보편적 가치인 정법을 생산하여 인류문화의 꽃을 피우는 그 중심이 되고자 한다.

정법시대 正

스승

제2권 질문 / 보기

CONTENTS

스승의 그림자, 왜 밟을 수 없나?

제1강 검사와 도둑

이번에 아들이 사법 고시에 합격을 하였습니다. 아들은 검사가 되어 자신의 뜻을 펴고 싶다고 합니다. 어떠한 검사가 되어야 하는지 여쭙고 싶습니다.

제2강 세상의 모든 1등에게

아이가 음악에 재주가 있어 그 재주를 키워 주고 있습니다. 욕심인지 모르겠지만 이왕이면 아이가 두각을 나타내어 그 분야에서 1등을 했으면 합니다. 부모로서 어떻게 뒷바라지를 해주어야 하는지 가르쳐 주십시오.

제3강 2013년, 이 나라의 대통령은?

대통령 선거가 앞으로 2년 정도 남았습니다. 그런데 벌써부터 출마 예상자들의 행보가 국민의 입에 오르내리면서 관심을 끌고 있습니다. 올바른 대통령이 나와야 국민들의 삶이 나아질 것이라고 생각이 됩니다. 2013년부터 이 나라를 이끌고 갈 대통령은 어떠한 사람이어야 하는지 가르쳐 주십시오.

제4강 큰 부자, 작은 부자

큰 부자와 작은 부자가 있다고 하는데, 저도 간혹 부자라는 소리를 듣지만 수천억 가진 사람에 비하면 매우 작습니다. 그래서 작은 부자가 아무리 노력을 해도 큰 부자가 될 수 없는 것인지 이에 대해 여쭙고 싶습니다.

제5강 **기업, 3대에 운명이 달려있다**
얼마 전 경제계 전면에 나선 기업의 3대들이 대부분 선친의 경영 철학을 그대로 이어 받아 선친경영, 품질경영을 하고자 한다는 기사가 나왔습니다. 지금 세상이 빠르게 변화하고 국내뿐만 아니라 세계 경제도 어려워 이들의 역할이 매우 중요한데, 미래지향적이기보다 과거를 답습하려는 쪽으로 기우는 것 같아 조금 걱정스럽습니다. 과연 기업의 3대가 어떻게 기업을 경영해야 하는지 가르쳐 주십시오.

제6강 **나는 왜 하는 일마다 안 되지?**
"나는 하는 일마다 되는 게 없다"며 손만 대면 망하는 사람이 있는가 하면, 손만 대면 다 잘되는 사람이 있습니다. 이 두 사람의 차이가 무엇인지 가르쳐 주십시오.

제7강 **동업 할까? 말까?**
사업을 시작하려고 하는데, 경험도 부족하고 자금도 넉넉하지 않아 다른 사람과 동업을 해야만 하는 상황입니다. 그런데 동업을 하는 경우 대부분 서로 얼굴을 붉히며 돌아서고, 주변에서도 동업만은 절대 하지 말라고 합니다. 성공적인 동업을 하려면 어떻게 해야 하는지 가르쳐 주십시오.

제8강　**대화 (話 · 化 · 花)**

　　사회생활에 있어 대인 관계가 매우 중요하며, 이때 중요한 부분을 차지하는 것이 대화인 것 같습니다. 그래서 이번 시간에는 대화라는 주제를 가지고 공부를 하고자 하는데, 먼저 대화를 어떻게 해야 하는지 가르쳐 주십시오.

　　　　1/ 감언이설　　　2/ 거절　　　　3/ 비밀
　　　　4/ 솔직한 대화　　5/ 지적인 대화　6/ 유머
　　　　7/ 수직·수평 대화　8/ 이중인격　　9/ 지식과 대화

제9강　**모임은 보물창고**

　　우리 국민은 신앙단체를 비롯하여 동문회, 애향회, 봉사단체, 사회단체에서 많은 모임을 가지고 있습니다. 특히 연말연시가 되면 망년회라는 이름으로 흥청망청 술이나 마시며 그 시간을 무의미하게 보내고 있습니다. 어떻게 하면 이러한 모임을 올바르게 할 수 있는지 가르쳐 주십시오.

제10강　**인류평화의 핵, 6.25**

　　올해가 6.25 전쟁 발발 60주년이 되는 해입니다. 그런데 6.25 전쟁 때 전사했거나 부상을 당한 사람 또는 그 가족 등 직접 관련이 있는 사람들을 제외하고는 이 날에 대해 관심을 갖고 있지 않습니다. 그래서 방송에서 6.25 전쟁 특집을 방영해도 별 관심을 두지 않고, 마치 아득한 과거의 일처럼 사람들의 기억에서 잊혀지고 있습니다. 60주년을 맞이하여 6.25 전쟁의 의미에 대한 올바른 가르침을 주십시오.

제11강 **아빠랑 살래, 엄마랑 살래?**
요즘 주위에서 이혼을 하는 부부들이 많이 나오고 있습니다. 이혼을 하면 가장 큰 문제가 자녀의 양육문제인데 이혼 후 아빠나 엄마 중 어느 쪽이 아이를 키워야 그 아이에게 가장 좋은 환경이 될 수 있는지 가르쳐 주십시오.

제12강 **태교, 어떻게 해야 하나?**
임신 5개월인데, 총명한 아이를 낳고 싶어서 영어도 배우고, 음악도 듣고, 책도 많이 보면서 태교에 신경을 많이 쓰고 있습니다. 이외에 어떠한 것을 더 하면 좋은지 여쭙고 싶습니다.

제13강 **명당, 흉당**
예로부터 갑자기 집안에 우환이 생기면 조상님들의 묘자리를 잘못 써서 그렇다는 말을 하고, 이사 갈 때에도 방위를 잘 살펴보고 들어가야 한다는 말이 있습니다. 과연 명당과 흉당이 있는지 여쭙고 싶습니다.

제14강 **구제역, 이렇게 구제하라!**
현재 우리나라에서 구제역 발생으로 인해 소, 돼지와 같은 가축 수백만 마리가 살처분되고 있고, 방역당국의 처리과정 문제로 심각한 환경오염이 우려되고 있습니다. 정부 수립 이후 이번 구제역의 규모가 사상 최고라고 하는데 이 시점에서 우리가 이러한 상황을 어떻게 봐야 하며 사람에게 영향이 없을지 궁금합니다.

제15강 **잠자는 우리를 깨운 나라, 일본**

우리나라와 일본은 아직도 감정의 고리가 남아 있어 우리나라의 일부 사람들은 일본에게 일제압박과 전쟁에 대한 사과를 계속 요구하고 있습니다. 그러나 반대로 지금 일본에서는 우리의 감정과는 달리 한국의 연예인들을 우상화하며 따르는 사람들도 많이 있습니다. 우리와 일본의 미묘한 관계를 어떠한 시각으로 보아야 하는지 가르쳐 주십시오.

제16강 **일본 쓰나미, 하늘도 울고 땅도 울고**

몇 년전 인도네시아의 쓰나미로 인해 많은 사람들이 죽었고 또 지금 지진으로 인한 쓰나미가 일본을 덮쳐 피해가 엄청납니다. 그 여파로 한반도를 포함해 지축까지 움직였다고 하는데 이러한 현상을 어떻게 보아야 하고, 가장 가까이에 있는 우리나라가 피해를 당한 일본에게 어떻게 해야 하는지 궁금합니다.

민족이여 깨어나라

스승 MENTOR
― 제3권 여성은 아름다워

초판 1쇄 발행	2011년 5월 18일
초판 3쇄 발행	2011년 6월 3일
말한이	眞政
기획 및 엮은이	신경애
펴낸이	신경애
원고정리 및 교정	이윤소, 신황숙, 고은희, 김홍근, 박혜령
인쇄	문덕인쇄(주)
펴낸곳	도서출판 정법시대
주소	서울시 강남구 역삼1동 605-3 역삼B/D 3층
전화	02-2272-1204
팩스	02-2051-1203
등록번호	제 2010-000194호
전자우편	jungbub2013@naver.com
홈페이지	www.mentor7.net
카페	cafe.naver.com/meetingmentor
블로그	www.jungbub.com

ISBN 978-89-964423-6-3(04100)

* 저작권법에 의해 보호받는 저작물이므로 무단전재와 무단복제를 금지하며
  이 책 내용의 전부 혹은 일부를 이용하려면
  반드시 저작권자와 도서출판 정법시대의 서면 동의를 받아야 합니다.
* 저작권자와의 협의에 의해 인지를 붙이지 않습니다.